互联网背景下中国殡葬业发展机理及影响因素研究

张丽丽 著

化学工业出版社

·北京·

本书从殡葬改革背景的严肃现实出发，研究目前经济社会背景下推行的殡葬改革，对殡葬业性质初步进行了界定，并对"互联网＋殡葬服务"的行业内涵进行了分析研究。分析了殡葬业的结构状况以及面临的困境；殡葬业禀赋情况、影响因素以及内在需求；当前互联网时代殡葬业发展与经济发展的关系，以及殡葬业发展的具体影响因素。通过关注近期各种互联网技术的发展以及殡葬行业的发展，对"互联网＋殡葬服务"系统进行构建，分析互联网时代各种信息技术对于传统殡葬改革可能带来的影响进行了展望。

本书适用于殡葬业从业人员、对殡葬业从事研究的研究人员，以及期望对殡葬业进行了解的社会人士等。

图书在版编目(CIP)数据

互联网背景下中国殡葬业发展机理及影响因素研究/张丽丽著. —北京：化学工业出版社，2019.12（2022.2重印）
ISBN 978-7-122-35360-3

Ⅰ.①互⋯ Ⅱ.①张⋯ Ⅲ.①葬礼-服务业-研究-中国 Ⅳ.①D632.9

中国版本图书馆 CIP 数据核字（2019）第 215582 号

责任编辑：章梦婕　李植峰　　　　文字编辑：李　曦
责任校对：张雨彤　　　　　　　　装帧设计：史利平

出版发行：化学工业出版社（北京市东城区青年湖南街 13 号　邮政编码 100011）
印　　装：北京虎彩文化传播有限公司
710mm×1000mm　1/16　印张 10¼　字数 149 千字　2022 年 2 月北京第 1 版第 2 次印刷

购书咨询：010-64518888　　　　　　售后服务：010-64518899
网　　址：http://www.cip.com.cn
凡购买本书，如有缺损质量问题，本社销售中心负责调换。

定　价：68.00 元　　　　　　　　　　　　　　版权所有　违者必究

前　言

殡葬是作为人类特有的对已失去自然生命的同类所采取的意味深长的告别活动。十九大报告中明确指出："我国社会主要矛盾已经转化为人民日益增长的美好生活需要和不平衡不充分的发展之间的矛盾。"随着我国经济水平的提高，我国相对匮乏的殡葬服务设施与殡葬服务质量越来越不能满足人们的殡葬服务需求。我国是一个人口众多、民族众多的国家，殡葬习俗纷繁庞杂。殡葬事业的发展是否能满足居民正常的殡葬需求，能否有效地在区域间进行均衡的供给，不仅关系到人民生活质量的提高，对于国家社会的稳定、合理的社会秩序以及良好的生态环境都有十分重要的作用。

世界经济的发展使得外资和我国社会中的资本开始进入殡葬业，实现殡葬业从传统向现代转型，减少广大群众对于接受殡葬服务之后的心理厌恶与恐惧，加强对于生态环境的保护与建设，是构建现代殡葬服务体系的重要组成部分。

我国于二十世纪八十年代末发出了第一封国际电子邮件，时至今日经过三十余年的飞速发展，已有近九亿互联网用户。随着移动互联网的发展，中国人的日常生活已经离不开互联网，互联网对我国经济和产业同样产生了深刻影响。 2015 年，在第十二届全国人民代表大会上正式提出"制定'互联网＋'行动计划，推动移动互联网、云计算、大数据、物联网等与现代制造业结合"。"互联网＋"已经成为国家层面的发展战略，作为互联网思维的进一步延伸，致力于将互联网与其他传统行业创新结合，目标在于推动产业升级、提高生产效率，进而实现实体经济生产力和创新力的突破。

如何在新形势下，从我国殡葬现实出发，正确认识殡葬业发展的客观规律，预测未来发展方向,同时利用规律有效地对当前的丧葬形式进行引导和调整,能够以较小的殡葬资源投入来满足全国人民的多样化殡葬服务需求,是我国目前殡葬事业迫切需要解决的问题,也是目前国内外学者研究的重点和热点。本书即以我国殡葬业作为对象,研究其在"互联网+"背景下商业发展模式的新型分类和实际运营情况,分析新背景下殡葬业的发展机理和影响因素,旨在为企事业单位的转型发展提供理论和数据支持。

由于笔者水平有限,书中难免存在疏漏之处,恳请同行专家、广大读者批评指正。

张丽丽
2019 年 6 月

目 录

1 导论 — 1

1.1 研究背景　　　／ 1
1.2 研究的基本问题及选题意义　　　／ 4

2 研究内容、基本框架及研究方法 — 10

2.1 研究内容及基本框架　　　／ 10
2.2 研究方法　　　／ 11

3 概念界定及文献综述 — 13

3.1 概念界定　　　／ 13
3.2 殡葬领域各阶段的研究情况　　　／ 24
3.3 国内外对丧葬仪式的研究　　　／ 31
3.4 综合评述　　　／ 32

4 中国"互联网＋殡葬服务"行业发展背景及现状 / 34

4.1 中国"互联网＋殡葬服务"行业政策背景分析 / 34

4.2 中国"互联网＋殡葬服务"行业经济背景分析 / 39

4.3 中国"互联网＋殡葬服务"行业技术背景分析 / 44

4.4 互联网背景下我国殡葬业发展现状 / 45

4.5 殡葬事业单位分析 / 58

4.6 殡葬企业单位发展现状 / 59

4.7 小结 / 67

5 影响殡葬业发展的因素及互联网对殡葬业的影响 / 68

5.1 殡葬业发展的内部影响因素 / 70

5.2 殡葬业发展的外部影响因素 / 74

5.3 互联网对殡葬业的影响 / 78

5.4 殡葬业发展的内在需求 / 80

6 互联网时代背景下殡葬业发展机理分析 / 82

6.1 殡葬业发展与经济发展的关系 / 82

6.2 殡葬业发展收入水平的外部性效应 / 82

6.3 殡葬业收入水平模型的建立 / 83

6.4 结论和政策建议 / 93

7 互联网时代背景下中国殡葬业产业结构分析 / 95

7.1 北京市殡葬业集中度分析 / 95

7.2 北京市殡葬业集中度特征　　　　　　　／ 97
7.3 我国殡葬业集中度决定因素的理论分析　　　　／ 97
7.4 我国殡葬业的市场行为与背景　　　　　／ 99
7.5 我国殡葬业的市场绩效　　　　　　　／ 106
7.6 我国殡葬业组织的合理化分析　　　　　／ 109

8 　　　　　　　　　　　　　　　　　114
结论与展望

8.1 互联网对殡葬业的促进　　　　　　　／ 114
8.2 殡葬业在互联网背景下的变动　　　　　／ 115
8.3 中国部分地区殡葬服务行业结合互联网发
　　 展案例分析　　　　　／ 126
8.4 殡葬互联网技术未来发展趋势　　　　　／ 131
8.5 "互联网＋殡葬服务"的构建与展望　　　／ 142

参考文献　　　　　　　　　　　　　　　　154

1 导论

1.1 研究背景

1987年9月14日21时07分，中国第一封国际电子邮件从北京发往德国——"越过长城，走向世界"，这是我国与互联网的首次邂逅，时至今日经过三十多年的飞速发展，我国已有近九亿互联网用户。随着移动互联网的发展，中国人的日常生活已经离不开互联网，互联网对我国经济和产业同样产生了深刻影响。2015年，在第十二届全国人民代表大会上正式提出"制定'互联网＋'行动计划，推动移动互联网、云计算、大数据、物联网等与现代制造业结合"。"互联网＋"成为国家层面的发展战略。"互联网＋"作为互联网思维的进一步延伸，致力于将互联网与其他传统行业创新结合，目标在于推动产业升级，提高生产效率，进而实现实体经济生产力和创新力的突破。

信息时代，世界上的发达国家都在尝试将互联网技术与传统行业深入结合，开发出新型融合技术和新型商业模式。中国在这一世界发展趋势下提出了弯道超车的理论，抓住战略机遇期，集中力量发展互联网产业，利用互联网思维开拓商业思维和新技术应用，借助互联网淘汰落后产能，帮助传统行业转型升级，提高产品价值，降低生产成本。互联网的拓展性，使得传统的企业商业模式焕发出多样的创新形态，多种互联网商业模式互相影响，最终推动某一行业的整体运营模式创新发展。

殡葬是人类特有的对已失去自然生命的同类所采取的意味深长的告别活动。党的十九大报告中明确指出："我国社会主要矛盾已经转化为人民日益增长的美好生活需要和不平衡不充分的发展之间的矛盾。"据预测，到 2020 年小康社会建成以后，我国人均 GDP 将超过 1 万美元，在一些发达城市，这一数量将会更高。目前科技发展日新月异，我国经济飞速发展，人民生活水平显著提高，温饱这一基本的生活物质需求已经不再是人们担忧的问题。根据马斯洛的需求层次理论，在物质生活得到满足后，人们将会追求精神生活，居民对于殡葬服务的需求也在不断增加，对于良好的殡葬服务设施与殡葬服务质量的诉求也越来越强烈。与此同时，我国殡葬服务设施相对不足，质量不高，城乡之间、地区之间由于民俗的不同，差异较大。推行殡葬改革所带来的与环境及传统习俗的矛盾日益显性化。世界经济的发展使得外资和国内众多民营资本都正在或者已经进入殡葬业，整个殡葬管理面临的形势也更加严峻。如何在新形势下，从我国殡葬现实出发，正确认识殡葬业发展的客观规律，预测未来发展方向，同时利用规律有效地对当前的殡葬形式进行引导和调整，能够以较小的殡葬资源投入来满足全国人民的多样化殡葬服务需求，是我国目前殡葬事业迫切需要解决的问题，也是目前国内外学者研究的重点和热点。

我国是一个人口和民族众多的国家，殡葬习俗纷繁庞杂。殡葬事业的发展是否能满足居民正常的殡葬需求，能否有效地在区域间进行均衡的供给，不仅关系到人民生活质量的提高，对于国家社会的稳定、合理社会秩序的维护以及良好生态环境的保护都有十分重要的作用。

中华人民共和国成立以前，传统的丧葬习俗曾给人民在身体上、心灵上以及经济上都造成过很大的压迫与伤害。中华人民共和国成立后，国家倡导的火葬改革开启了我国殡葬改革的新里程。我国的殡葬改革主要经历了两个阶段。一是倡导阶段，从中华人民共和国成立初期到1984年，殡葬改革的主要工作是大力宣传和贯彻中共中央办公厅《关于共产党员应简办丧事、带头实行火葬的报告》。二是法制阶段，1985年国务院颁布了《国务院关于殡葬管理的暂行规定》，这是中华人民共和国首部殡葬管理法规；1991年，中共中央发布了《中共中央关于党和国家高级干部逝世后丧事改革的通知》；1997年，国务院颁布了《殡葬管理条例》；2009年，民政部发布了《民政部关于进一步深化殡葬改革促进殡葬事业科学发展的指导意见》；2010年，民政部发布了《民政部办公厅关于规范利用外资建设殡葬设施审批权限问题的通知》；2012年，国家发展和改革委员会会同民政部发布了《关于进一步加强殡葬服务收费管理有关问题的指导意见》，规范了殡葬服务的价格；2018年，民政部等十六部委联合发布了《关于进一步推动殡葬改革促进殡葬事业发展的指导意见》。所有这些法规文件的颁布，都是在识别当时殡葬业呈现的各种现象背后的规律之后对现实状况的一种引导与调整。

随着经济的发展，人们的生活水平也得到了不同程度的提高，对物质生活和精神生活有了新的需求，对自身存在的生命价值也有了新的思考，反映在殡葬活动方面，就是越来越多的个性化葬礼出现，越来越多的殡仪服务项目（比如侍亲沐浴、生前契约等）的出现，越来越多的人希望自己能够被更多的人记住等。这些新的殡葬活动正逐渐满足人的一些补偿心理，在进行这些活动的时候，生者得到了很大的心理慰藉。与此同时，随着社会主义市场经济体制的建立，在行业进入壁垒比较低的公墓市场，一些大型集团，例如福寿园等开始提供具有自身文化特色的葬业服务，并开始向殡业扩张，殡葬事业单位也开始了转企之路。在满足群众的基本殡葬服务之后，开始更多地向大众提供具有浓厚文化特色的个性化殡葬服务，已经形成了规模较大的产业链。

本书即以我国殡葬业作为对象，研究其在互联网背景下商业发展模式的新型分类和实际运营情况，分析新背景下殡葬业的发展机理和影响因素，旨在为企事业单位的转型发展提供理论和数据支持。

1.2 研究的基本问题及选题意义

1.2.1 研究的基本问题

（1）"互联网＋"的特点和新机理　　"互联网＋"很好地将多个不同的行业结合在一起发展，典型特征就是"跨界融合，互联结合"。信息化网络改变了很多行业的原有的运营规则和方式，将产业链上不同分工的成员关系进行了重组，改变了原有的运行机理。"互联网＋"思维是从利用互联网缩短价值链层级转为加强产业链中不同角色之间的联系，从基于流量创造价值转为以应用作为入口来吸引客户。所以"互联网＋"在产业生态中相当于"纽带"的角色，体现了互联网具有"连接一切"可能性的特征。

（2）殡葬企事业单位商业模式创新分析　　在互联网背景下，企业之间的竞争由单个企业之间的竞争发展至产业群体间的竞争，互联网强大的产业整合能力越发凸显。在互联网背景下，商业和经营模式的创新关键点在于找到通过互联网实现跨界、融合相关产业的有效途径。本书研究探讨了互联网这一新时代大背景下，殡葬业所面临的机遇和挑战，从多角度分析殡葬业的发展机理和影响因素，并结合具体案例进行分析，展望了互联网背景下殡葬业的未来发展趋势。

（3）典型案例分析　　如今互联网和移动信息技术发展突飞猛进，一些已经成熟应用的新技术甚至在几年前还只存在于科幻小说中，殡葬企事业单位在这种信息化背景下，迫切地想实现经营和发展的信息化，投入的资金也逐年加大，一些传统大型殡葬企业在互联网商业模式的创新应用中已有较为成熟的成果。本书列举了在"互联网＋殡葬业"中表现突出的几家典型企业，如一空网、彼岸等，分析其在互联网商业模式创新中的可取之处。

（4）运用互联网解决殡葬业传统问题的方法探索　目前我国政府相继出台了一系列的惠民殡葬政策，在殡葬活动的多个环节都会制定公益性定价，或者是免费提供服务，部分地区还会给民众发放殡葬补贴，这些政策都是政府下决心解决民众殡葬难题的鲜活写照。但是，目前的突出问题就是我国传统文化中对殡葬采取的是避讳的态度，政策宣传的效果有限，且并不理想，大多数老百姓对国家的殡葬惠民政策知之甚少。在政府提供惠民政策的背景下，如何把老百姓的丧葬需求和国家的惠民殡葬政策结合、对应起来，是目前急需解决的问题。

目前政府倡导居民选择生态节地葬，并提供了政策性的优惠措施。然而，根据实地走访的调研情况来看，即使是在有政府补贴的情况下，大部分墓园的节地生态葬墓区也无人问津。加强陵园生态文明建设，引导人们改变丧葬观念，自愿选择节地生态安葬方式，是需要深入研究的问题。

政府对陵园的土地审批有着严格的审批程序和政策限制，一些农村公益性墓地为了利益也违规面向社会销售，一些陵园为了延长土地开发时间，采取控制墓地销售量的策略，造成了供需双方不平衡，墓穴价格逐年攀升，引发社会公众热议。供需之间的平衡问题，监管相关市场合法化运行的手段空缺，也是当前行业发展面临的客观问题。

互联网有着自身巨大的信息透明优势和广阔的宣传覆盖面积，运用相关技术手段又可以从互联网收集大量的数据信息，因此运用互联网手段解决困扰殡葬业多年的一些问题是具有研究价值的，也是行业和相关政府监管部门的需求。2016年6月24日，民政部、国家发展改革委印发了《民政事业发展第十三个五年规划》，明确提出，推进"互联网＋殡葬服务"，创新和优化殡葬服务供给，提供更多优质的殡葬公共服务产品。

（5）殡葬经济的发展机理和影响因素　效益是某种活动所要产生的有益效果及其所达到的程度，是效果和利益的总称。殡葬业的经营同样离不开这两个效益。目前，殡葬改革基本上形成了以公办机构为主导的市场服务体系。殡葬业的社会效益主要体现在三个方面。第一个方面体现在有关民生的"死得起"的保障，让每个人都享有公平的死亡权，能够得到一个基本的丧葬服务保障。第二个方面主要体现在殡葬的社会功能上。"慎终追远，民德归厚"，殡葬不仅仅是代表着一种处理和纪念，更代表着一个家庭、社会乃至整个国家的精神传承，从这个意义上来说，殡葬反映了一个国家的价值观念和文化层次。第三个方面，殡葬业经营的社会效益要体现在经济外部性上。殡葬业的经营不仅仅是文化价值的传承，更要考虑到外部生态环境等与社会福利有关的一切影响。

经济效益和社会效益，两者既有联系又有区别。经济效益是社会效益的基础，而追求社会效益又是促进经济效益提高的重要条件。两者的区别主要表现在，经济效益比社会效益更加直接，显而易见，可以运用若干经济指标来计算，而社会效益则难以计量，必须借助其他形式来间接考核。

殡葬业目前已经取得了一定的经济效益。以目前最大的福寿园集团为例，近几年，福寿园营收和净利润持续上涨，2013年福寿园营收6.12亿元，2016年达到12.68亿元，营收较2013年翻番，2017年福寿园营收再创新高，营收逼近15亿元，达到14.77亿元。净利润方面，福寿园可谓生财有道。2013年福寿园净利润仅1.67亿元，第二年净利润突破2亿，2016年突破3亿，2017年净利润突破4亿，达到4.17亿元。净利润增速明显高于营收。福寿园集团2013—2017年营收情况见图1-1。

当前殡葬业已经取得了一定的经济效益，但是个别殡葬企事业单位追求经济效益的现状与殡葬改革中提倡的文明节俭办丧事的方针的矛盾，殡葬业经济效益的增长和我国经济发展的关系，未来的发展趋势，这些都有待研究。本书将选取比较容易计量的殡葬业经济效益作为核心，集中探讨殡葬业的经济效益的决定因素，识别殡葬业发展的规律和特征，为当前殡葬改革提出政策性建议。

图 1-1 福寿园集团近年来营收情况

1.2.2 理论意义

通过研究殡葬业的经济效益来解析殡葬业发展的规律,填补了殡葬业发展路径研究的空白,将为当前殡葬改革路径的设计提供一定的理论依据。以往的研究,单纯对殡葬改革的概念性、原则性研究偏多,对于矛盾现象研究偏多,从法学、社会学、行政管理、政策研究等角度研究多;要么是单纯的文化研究,对于殡葬文化与殡葬效益、经济效益相结合的研究少,探究殡葬业整体发展科学规律的研究更少。本书运用经济学原理,结合互联网时代背景对殡葬业的发展进行研究,以填补相关研究的空白。

① 理论上,应用基本的"市场结构—市场行为—市场绩效"范式分析殡葬业,提供了一个新的研究视角。SCP 范式提供了一个基本原则,建立市场结构和企业市场行为之间的关系,用企业行为分析市场在经济绩效与社会福利方面可能的结果,结合政府规制,从而提出具有建设意义的宏观政策,充分体现了研究内容的创新性与研究视角的新颖性。

② 建立殡葬业的联立方程组。建立了殡葬业的"市场结构—市场行为—市场绩效"的联立方程组用以进行实证研究。该联立方程组除了考虑传统的集中度、用户数、研发、利润率等元素之外,还加入了代理进入进出壁垒、企业实践以及社会需求、政策实施条件,从宏微

观两个层面分析当前殡葬业市场结构、行为与绩效之间的关系，预测了政府规制条件下的殡葬业发展，丰富了研究领域。

③ 把殡葬业看成是一个完整的系统。运用传统的产业分析方法进行市场结构的分析，克服了目前仅仅将殡葬业看成是一个公益行业的瓶颈，更多地考虑现实问题，为政府制定政策提供了一个全新的视角，很好地解决了目前在殡葬业研究中所存在的仅仅是增加政府能力、加强法制的局限的缺憾。

1.2.3 现实意义

我国目前的殡葬业发展形势一方面是民众反映殡葬暴利问题突出，另一方面是大部分殡仪馆又在亏损经营。同时，由于地域辽阔，城乡之间、区域之间的经济发展差距造成了我国殡葬习俗的多样化特征。殡葬改革以来，政府致力于破除陈旧的丧葬陋习，但在不同地区却展现出了不同的适应性。农村殡葬改革一直是矛盾重重，殡葬执法与百姓诉求之间关系紧张，而城市殡葬改革则陷于高价攀比之风，对我国的社会稳定和进步可以说是一种隐患。正确识别殡葬业发展的客观规律，按照规律进行有效合理的引导与调整，解决好殡葬改革中的突出难题，有利于我国社会稳定的同时，也会促进我国的经济发展，更能够提高我国居民的死亡幸福度，提升生命质量。

同时，殡葬业经济效益的提升对于我国殡葬服务体系的建设完善，满足居民殡葬服务需求都会起到重要作用。老龄化的加剧以及精神需求的增长将使我国的殡葬服务体系面临更加严峻的挑战，而目前的殡葬基本服务已经远远不能满足群众的需求，因而规范殡葬业发展势在必行。事实上，殡葬业的规范发展不仅能有效提高居民的殡仪服务需求质量，还有可能对经济的增长有显著作用。认识清楚这一点，我们有必要从殡葬业的经济效益入手，更好地改善殡葬服务体系。

从实践角度看，殡葬业的发展在全国大中城市中已经形成一定的规模，对比较大的几个城市进行殡葬业的分析具有代表性的意义，通过对发达地区的殡葬业的市场结构的梳理，探讨"市场结构—市场行为—市场绩效"之间的关系，提出相应的政策建议对于殡葬改革中的全国范围内中等城市以上的殡葬业发展与百姓需求的满足具有重要意义，对于从宏微观考量政策效力以及企业制定相关的发展策略决策也有参考作用。

2 研究内容、基本框架及研究方法

2.1 研究内容及基本框架

殡葬活动属于社会活动,由于我国地域辽阔,民族众多,人口分布也各不相同,因此也形成了差异性比较大的殡葬文化与习俗。本文的研究对象不局限于某一地区具体的殡葬业发展,而是从整体出发,对互联网背景下的中国的殡葬业发展机理及影响因素进行研究。

本书以社会学、经济学等学科理论为指导,以中华人民共和国成立后殡葬业发展为研究对象,分析了殡葬业发展过程中的发展机理及互联网对其形成的冲击。在此基础上,通过空间计量方法探寻影响殡葬业发展的关键因素,并分析了经济增长在其中的门槛效应。篇章结构如下:

① 第一章为导论部分,主要阐述本文研究的背景、基本问题与选题意义。

② 第二章为研究内容、基本框架及研究方法,主要介绍各章节的目的及基本内容。

③ 第三章为文献综述及概念界定介绍部分,首先对"互联网+"

及殡葬的概念进行了界定，接着对殡葬业性质进行了界定，同时对相关文献综述后进行了评述，最后对论文涉及现代殡葬发展的形式以及"互联网＋殡葬服务"的内涵进行了分析，为后文的分析与论证奠定基础。

④ 第四章对"互联网＋殡葬服务"行业发展的背景及现状进行了分析。通过分析"互联网＋殡葬服务"的经济背景以及行业技术背景，对殡葬业总体结构的基本特征和演进趋势进行了分析。

⑤ 第五章分析了影响殡葬业发展的因素及互联网对殡葬业的影响。首先通过殡葬业发展的内外部影响因素，总结出一般规律，然后分析互联网对于殡葬业的影响，分析殡葬业发展的内在需求。

⑥ 第六章首先对殡葬业态中各机构基本变迁进行综合分析，然后分析殡葬业总收入各个影响因素，建立殡葬业总收入的门槛计量模型，论证殡葬领域经济发展中存在门槛效应。

⑦ 第七章首先通过北京地区对产业结构进行分析，然后分析当前中国殡葬业市场结构及市场绩效，论证殡葬领域当前形成的产业结构的垄断性及一定的合理性。

⑧ 第八章是结论与展望。对论文进行了全面的回顾和概括，提炼出论文的主要结论，分析了未来发展的趋势，并对"互联网＋殡葬服务"进行了展望。

2.2 研究方法

梳理殡葬业分类模式以及影响殡葬业发展的因素。在收集文献的基础上，结合对行业研究的报告，采用元分析的方法找出殡葬业分类的依据和影响殡葬业发展的相关因素。

首先对全球范围内的殡葬业相关资料进行检索和分类整理，并进一步分析，然后运用演绎、推理等研究方法，并按照产业组织理论中的"结构—行为—绩效"分析框架的逻辑顺序，深入分析殡葬改革背景下的殡葬业的市场结构、企业行为、市场绩效以及三者之间的影响关系，并分析其中存在的问题，进而提出相关建议。

通过案例分析法，归纳和分析我国殡葬业的市场组织的有效性。在我国殡葬业集中度水平研究的基础上，通过案例分析方法来归纳和分析我国殡葬业的市场行为及其市场绩效的总体表现，进而探讨我国殡葬业的市场组织的合理性与有效性，为政府对殡葬业的监管与指导提供数据依据。

实证研究方法：应用"市场—结构—绩效"范式的框架研究，将框架涉及的集中度、进入壁垒、产品差异、定价行为、利润率等进行研究，构建殡葬业的"市场—结构—绩效"框架下的联立方程组模型。采取问卷调研获取一手数据，资料查询获取二手数据，重点研究北京地区殡葬业实际情况，在产业组织框架分析的规律之上，比较北京地区殡葬参与主体行为对于绩效的影响，以期寻求殡葬企业发展的最佳策略，并提出政府在殡葬改革中应考虑到殡葬企业行为对于绩效的影响。

3 概念界定及文献综述

3.1 概念界定

3.1.1 "互联网+"概念的提出和发展

"互联网+"是现代社会互联网发展到一定程度的新形式,是互联网思维进一步实践发展的成果,也是催生经济社会不断发展的新形态。目前,"互联网+"已经与多个行业相结合,成熟案例主要体现在电子商务、教育和交通领域。在电子商务领域如京东、淘宝等,在教育领域出现的微课、慕课、作业帮等在线教育资源,在交通领域涌现的滴滴、优步和易到等。关于"互联网+"的概念并未有明确的定义。在国外,虽然没有"互联网+"这一明确的概念,但与互联网相关且已上升为国家发展战略的各种创新应用与研究要先于我国。其中德国提出"工业4.0"的概念,采用"互联网+制造业"的模式,使其更加智能化地发展,提高制造效率;美国也已将物联网视为国家重要的创新发展战略之一。

在我国,"互联网+"概念的发展共经历了五个转折点:

第一个转折点是 2012 年 11 月，第五届移动互联网博览会上首次提及"互联网＋"这个概念，人们首次对这个概念有了初步印象。

第二个转折点是在 2014 年 11 月首届世界互联网大会中提及，互联网是此次政府报告中提出的"大众创业，万众创新"的新引擎。

第三个转折点是 2015 年 3 月，第十二届全国人大三次会议明确指出要正式制定"互联网＋"行动计划，从而促进电子商务、工业互联网和互联网金融（ITFIN）健康有序发展。

第四个转折点是 2015 年 7 月，继国务院发布《关于积极推进"互联网＋"行动的指导意见》之后，"互联网＋"行动计划便有了进一步的发展，不仅使得各产业的发展水平有所提升，也使得各行业的创新能力有所增强。

第五个转折点是 2015 年在第二届世界互联网大会上，我国宣布"互联网＋"行动计划已经在中国稳步实施和发展，中国互联网发展基金会、百度、腾讯和阿里巴巴将会形成"中国互联网＋联盟"的共同发展战略。大会还提出了"互联网＋"的核心内容，期望"互联网＋"对国民经济起到促进作用。

如今"互联网＋"在不同领域得到广泛应用。

(1) 政府管理领域　国务院部署加快推进"互联网＋政务服务"进程，深化政府自身改革，以更大程度利企便民。"互联网＋政务服务"是提高政府办事效率、提升阳光理政能力的重要措施，能够让民众便捷地了解相关的政务信息。2015 年 2 月 6 日，国家网信办发布信息，我国的政务微博账号近 24 万个，政务微信账号已逾 10 万个，"互联网＋政务"信息化平台的传播力量已经不容小觑。

(2) 经济领域　"互联网＋"概念较早地被经济领域所运用，经济活动的各个方面都受到了互联网的深刻影响。例如"互联网＋物流"的技术应用，助力了我国的经济发展。随着我国网络消费的兴起，尤其是网络购物，物联网实现了物物之间的联系，但其核心与基础依然是互联网。在互联网技术的支持下，人们随时随地可使用网络终端跟踪物流信息。我国在相关政策、法规和行业标准上对物流做出了要求，规范了相关产业发展，为互联网创新应用提供了政策保障。

（3）文化领域 文化涵盖的是多元化的内容，"互联网＋"让文化的传播方式、教育模式及管理模式发生了巨大变革。"互联网＋"理念提出后，文学创作、影视文化、旅游文化等相继推出各自的文化成果，通过网络平台进行成果的推送，实现与使用者的互动交流。丰硕的成果展示了"互联网＋"所特有的魅力和价值，引领着文化创新和产业向信息化发展。互联网在文化领域的应用和发展对提高我国综合竞争力发挥着重要的作用。

（4）交通领域 "互联网＋交通"的早期应用是在交通部门。在铁路交通方面，交通部门利用互联网汇总大数据，通过分析实现网络购票，让消费者和服务提供商能够了解票源和客流的实时动态；在公路交通方面，交通部门运用互联网技术实现对道路通行、车流信息及管理技术的智能化处理，解决城市交通的拥堵，提高城市交通通行效率和处理突发问题的能力。滴滴、共享单车等交通软件的广泛应用，解决了出租车资源紧张和城市交通"最后一公里"的问题，方便了人们的日常出行。同时，也将共享经济引入我国，调动了社会的大众资源，提高了运送能力，颠覆了传统的出租行业，倒逼出租行业提升服务水平，促进了市场竞争。网络共享经济是"互联网＋"信息化与智能化的一大重要实践成果。

3.1.2 "互联网＋"的内涵和特征

"互联网＋"是一种新型的经济形态，其充分发挥互联网在生产要素配置中的整合和优化作用，提升实体经济的创新力和生产力。通俗来说，"互联网＋"就是"互联网＋各个传统行业"，但这并不是简单的两者相加，而是利用信息通信技术以及互联网平台，让互联网与传统行业进行深度融合，创造新的发展生态。

"互联网＋"有六大特征：

① 跨界融合。"＋"指的就是跨界融合、创新融合。跨界为创新提

供了可能和创意，让创新有个良好的土壤；融合，就是发挥集体智慧，共谋出路，使从研发到产品化的路径更便捷。

② 创新为驱动力。目前我国提出了经济增长模式转型升级，逐渐淘汰落后产能和旧的经济发展模式。要平稳转变经济发展模式，必须依靠创新。

③ 结构重组。信息爆炸、全球化趋势、互联网打破了社会原有的结构组成，在经济、文化、政治等多方面改变了规则。在当今的信息化时代，人们可以不受时间和空间的限制通过互联网实时传递信息，权利、议事规则、话语权不断在发生变化，"互联网＋社会治理"是全世界都在运用和不断探索的大方向。

④ 以人为本。以人为本是推动科技进步、经济增长、社会进步、文化繁荣的最根本的力量，互联网力量的强大，最根本的也是来源于对使用群体的人性化考虑。互联网是互动参与的经济运营模式，只有以人为本才能得到流量，才能带动融合产业的发展。

⑤ 开放互联。"互联网＋"，就是通过互联网力图创建一个开放共荣的生态圈体系，创造更多的发展机会。其中，一个重要的方向就是要把过去制约创新的环节化解掉，把孤岛式创新连接起来，研发由人性决定的市场驱动，让努力创业者有机会实现价值。互联一切是"互联网＋"的目标，通过互联结合，实现产业升级，提升服务质量，提高生产效率。

⑥ 连接一切。连接是有层次的，可连接性是有差异的，连接的价值相差很大，但是连接一切是"互联网＋"的目标。

3.1.3 殡葬的概念

殡葬，亦称丧葬，是指人们对逝者遗体的处理过程中的方式、方法，以及对死者哀悼的一系列活动。殡葬原是土葬的文言用语，是由殡与葬两个既有联系又有区别的概念构成的。殡是指遗体入殓到埋葬之前的阶段，其本意指停放灵柩待葬，后引申为对死者的哀悼和举丧形式。葬是指处理和掩埋死者的遗体，即对死者遗体的处理形式。

3.1.4 殡葬业性质

殡葬活动具有多样化的特点，在不同领域和场合，有不同的概念。在关于殡葬改革的政府报告或者发文中，殡葬事业是关乎人民民生的一项事业。现有研究除了殡葬事业概念的应用之外，对于殡葬行业、殡葬业的概念多是将它们混用或者是交叉使用的。殡葬业的事业、行业、产业概念的区分实际是应用领域的不同，将其概念统一进行重新界定，理清应用范围，无论是对于当前政策研究，还是企业战略研究以及市场绩效研究都具有十分重要的现实意义。对于殡葬业、殡葬服务业，以及殡葬业的概念的区分，美国等发达国家及地区殡葬业已经比较发达，对于概念的指定已经不存在疑义。大陆地区虽然有学者对殡葬产业链进行了一定的梳理，但是对于这三个概念仍然处于模糊状态。将政府提供服务与市场进行区分，概念澄清，也是殡葬研究领域从微观到宏观研究亟须澄清的问题。为了对研究范围进行界定，有必要对殡葬业性质进行分析梳理。

当前社会对于产业的研究主要集中于经济学范畴。现代西方经济学认为产业是指国民经济的各行各业，在普遍认同这一观点的基础上，我国经济学界有学者对产业做出了更严谨的定义，即认为产业是由国民经济中具有同一性质的经济社会活动单元构成的组织结构体系。产业包括农业、工业、服务业等一切领域，而每一个具体产业又是由同类型企业集合而成。

苏东水又进一步将产业定义为具有同类属性且具有相互作用的经济活动组成的集合或系统。如果严格按照国民经济部门来定义产业，国家行政机关、社会团体、军队等非经济部门或非企业的集合不能视为产业。然而，国际标准产业分类法将公共管理、教育、国防、社会组织和个人服务业列入了产业范畴，而我国的国家标准《国民经济行业分类与代码》（GB/T 4754—2011）采用了《国际标准产业分类》

（ISIC）2008年第四次修订版的分类标准。而制定该标准的三次产业划分规定中，明确指出第三产业即服务业，是指除第一产业、第二产业以外的其他行业。第三产业包括流通与生活服务，涵盖居民服务、修理和其他服务业、教育、卫生和社会工作、文化、公共管理、社会保障和社会组织业等。而殡葬业在我国的国家标准中属于居民服务、修理和其他服务业中代码为7980的部分，其定义为与殡葬有关的各类服务。因此，在此定义殡葬业为与殡葬行为相关的具有相互作用的经济活动组成的集合，主要包括殡葬企业、殡葬从业者，以及具有盈利目的的殡葬单位，涵盖殡葬服务流程的每一个环节。

在其他应用概念的论文中，主要有以下三种认识。

第一种认识，将殡葬业笼统看成是殡葬服务业，将其纳入产业范围，对其进行分析。这在很多文献中均有体现。《农村殡葬的产业化路程》中，将殡葬业化定义为经济发展到一定阶段的产物，是市场经济条件下殡葬业发展的必然趋势。《我国殡葬服务业垄断形式判断及其绩效分析》中，模糊了殡葬业、行业、事业的概念，直接称殡葬服务业，但从其绩效分析中可以得出，论述过程是以殡葬业作为前提假设进行分析的。

第二种认识，将殡葬行业与殡葬事业同提，在殡葬事业的大前提下，讨论殡葬行业的改革与发展。《中国殡葬行业现状——来自浙江省的调研》提到了殡葬行业，对浙江省殡葬行业进行了调研，提出新的殡葬管理体制。这里虽然调研的是殡葬行业，但更多的是从殡葬事业的角度出发，力求解决社会事务管理中的问题。《寻求公益与效益的公平》中，是从殡葬事业的角度出发，对殡葬改革中存在的问题进行分析，力求明确政府在殡葬事业中的角色定位，构建全新的殡葬事业管理经营体制。在这个前提下，规范殡葬服务市场，强化殡葬行业监管，实现公益与效益的平衡。《透视当前殡葬改革》一文中，将殡葬看作是具有公益性质的事业，而当前进行的殡葬行政管理是国家对死者殡与葬的社会事务管理。但文中提出的殡葬业，既在殡葬事业的概念之下，又更多地意指殡葬行业以及其中的殡葬市场。同时，作者认为作为具有公益服务性质的殡葬业出现了暴利经营、大量资源的蚀耗、消耗财富、破坏文明等问题，引发公众对其社会公益性的质疑。

第三种认识，殡葬事业与殡葬行业概念没有差别性。《中国民政统计年鉴》中，提到的殡葬事业收入，包含所有殡葬行业的收入。

以上三种认识，存在于不同的研究中，或专注于殡葬服务的市场化部分，或专注于殡葬服务的公益性部分，或专注于殡葬服务的管理，或专注于殡葬服务的对象。无论哪一种，都没有将殡葬事业、行业、产业明确地区分出来，有一些直接以殡葬业来简称所研究的对象。

殡葬是指人去世后，与遗体相关的所有的社会活动的总称。殡葬服务的对象主要包含两类：一类围绕去世的遗体与参与遗体处置告别的亲人，对遗体所做的一系列修饰、修复、发讣告、向遗体告别、开追悼会、致悼词、送花圈挽联、出殡送葬、火化、安葬、安放骨灰盒以及贯穿其中的对其丧属的悲伤抚慰等一系列的丧葬活动。另一类指的是安放骨灰后，围绕逝者进行的所有社会活动，包括各类仪式、家族活动等。殡葬的管理主体为民政管理部门。事业，是指具有一定目标、规模和系统的对社会发展有影响的并且有益于公众的经常性活动。产业，是对各种经济事业的总称。行业，指的是从事国民经济中同性质的生产或其他经济社会的经营单位或者个体组织结构体系。产业和行业既互相交叉又有所区别，而事业的范畴在行业和产业之上，其中的经常性活动需要产业与行业定义中的经营单位来实现。

因此，对于殡葬业，我们对其性质进行的分析与探讨如下。

《殡葬管理条例》第三条规定，国务院民政部门负责全国的殡葬管理工作，县级以上地方人民政府民政部门负责本行政区域内的殡葬管理工作。根据国家殡葬管理的法规和各地的操作实际，殡葬管理所属民政部门管理的公益性事业单位。

在新时代我国社会发展的形势下，殡葬事业在民生问题中仍然占据重要地位。社会的各种殡葬活动都是为满足人民群众各种需求而产生的，这些需求多种多样，但主要是一种精神需求。这种精神需求里有对逝者往生以后的寄托，有对自我情绪的慰藉，有对外人的一种展示，也有千百年来文化的一种惯性。因此，殡葬业的内涵，首先是其重要的公益属性，满足社会中不同群体的殡葬需求，无论是哪种需求，在合适的时间合适的地点满足后，殡葬业的主要使命也就基本完成了；其次，殡葬业在满足社会的需求之外，仍然担负着资源与环境保护，文化革新、传承、发展，这些虽然蕴含在需求的实现过程中，但又独立于需求而存在；最后，殡葬业不是独立存在的，它和社会的其他行业存在着千丝万缕的关系，会因为社会其他行业的变革引起大的变化。虽然有关系，但殡葬业又与其他行业相互区别，独立存在。一个有关政策的颁布和实施有可能使得殡葬业发生大规模的变革性的变化。

殡葬业的主体也是与时俱进的，随着社会的变迁而不断改变。中华人民共和国成立以来，开始的主体是民政部门，接着民政部门开始逐步实行企事业分离，工商部门开始殡葬企业单位的审批，但民政部门作为主管殡葬业务的主体长期以来一直存在。近年来，随着互联网及资本的兴盛，深刻地改变了社会的各行各业，而殡葬业也逐渐从以民政部门为主体向以政府为主导的多元化主体变迁。正是这种变迁，出现了多样化的选择性殡葬服务，产生了直接的经济效益，这也就使得殡葬业的主体除了民政部门外，也吸引了其他行业巨头的加入，殡葬事业中开始有了殡葬业的影子。

当前社会主义市场经济下，殡葬服务除了具有作为公共服务存在的公益性，更有大量的商业和经济效益存在其中。各种主体投入在殡葬活动中的行为、资金、管理及群众在参与殡葬活动中的行为、思想，共同构成了殡葬行业。在此，定义殡葬行业为与殡葬行为相关的殡葬服务单位、企业、手工业者等所有殡葬单位的横向联合体。

在当前殡葬市场已经基本存在的情况下，忽略其存在或者采取一定措施禁止都只能弱化或者边缘化其存在，但殡葬业的市场化转型仍然是不可避免的存在。因此，正确地定义与区分殡葬业中蕴含的殡葬事业、殡葬业、殡葬行业，正确地区分殡葬事业与殡葬业以及殡葬行业，对我们在不同的情境下使用具体的概念，对规范殡葬业的发展，对更好地实现殡葬改革目标、发展殡葬事业起着非常重要的作用。

因此，经梳理，殡葬业、殡葬行业，以及与之相关的殡葬企业关系如下：殡葬业是一个纵深概念，是殡葬产品、殡葬服务价值链体系，既可以跨殡葬行业与其他行业（金融行业等），也可以跨企业（其他产业企业从事殡葬业），产业间经常是互相交错的。殡葬企业，相对于产业或者行业而言，是市场中的一个单位，有着自身的特点与行为。殡葬企业或其他相关组织联合体组成了殡葬行业，行业的着眼点是殡葬企业或其他相关组织的微观领域，体现的是以殡葬行业为单位的产品生产上的社会分工，相对于殡葬业来讲是一个横向概念。而殡葬事业是具有一定殡葬活动目标、规模和系统的，对社会殡葬发展有影响，并且有益于公众殡葬需求的经常性活动。

3.1.5 现代殡葬发展的几种形式

进入新时代，我国社会的主要矛盾已经转化为人民日益增长的美好生活需要和不平衡不充分的发展之间的矛盾。殡葬行业也从最初的原始的精神需求逐步上升到新的社会文化精神需求。殡葬社会活动也从社会的背面日益走上前台，越来越融入和谐的社会背景中，殡葬发展中的现代转型已经成为必然。

与国内殡葬发展相比，国际殡葬发展已经具备了一定的现代形态。目前日本的殡葬业基本上由民间来负责，政府处于市场监管和规范作用，不会干预市场的经营行为，完全的市场经济操作通过保持充分竞争、避免垄断来形成和维持规范的市场环境。德国，作为西方国家，与东方有着截然不同的生死观念。德国的墓地被作为城市景观，处于人们的生活区域内。墓地经过精致的园林绿化设计，已经成为德国文化的特色标志之一。

我国殡葬发展有两种形态。一种是政府领导下的殡葬发展。国家制定和颁布了一系列涉及殡葬事业发展的政策法规，使殡葬事业单位实行了由行政管理型向经营服务型、由单项服务向系列化服务、由封闭式向开放式、由粗放型向集约型的转变。殡葬事业单位已成为第三产业中的一支重要力量。第二种是民间自发的殡葬发展。民间殡葬发展主要受到传统殡葬文化的影响，从儒家孝道观的影响到对生死认识的局限，从经济社会发展与大众思想观念的落后，当下影响表现为墓地与耕地、宅地的矛盾。

现代殡葬具有时代性和前瞻性的特点，具有自身所特有的形态特征、服务模式和价值追求。现代化意味着勇于创新，运用系统论的观点，探索殡葬业发展的新形势。我国殡葬业的现代转型势在必行，但是因受到不平衡发展的制约，各地在转型的过程中，现代殡葬理念的实施各不相同。就火化率而言，目前总体在50％上下，这表明了有近半的公众仍秉承"遗体葬"的传统。在大部分的大中城市，情况则大不相同，火化率可以达到90％以上。可见，根据不平衡发展规律，由传统殡葬向现代殡葬的转型，并最终构建完成现代殡葬，将在发达的大城市率先开始并实现，并带动其他地区实施。

我国现代殡葬理念的实施主要集中在上海、广州、北京、浙江等经济发达地区。总体来说，上海已经在"以人为本"理念的指导下，以公众殡葬活动的需求为出发点，以公众殡葬活动的全过程为中心，着眼于体现现代殡葬的新功能来重构殡葬业结构体系，在更高层次上发挥出新的水平。在殡葬关乎和谐社会建设、殡葬促进社会的公平与正义、殡葬教育生命"归厚民德"的理念指导下，浙江制定了一系列饱含人文精神与人性关爱的殡葬法规和文件，这是推进人文殡葬的制度性保障。同时浙江积极推进殡葬服务模式的创新。山东西南地区以其自身现代服务理念的格局进行建筑设计并形成了特有的服务理念。

现代殡葬将通过以下形式飞速发展。第一是在殡葬设施设备形态上的完善。无论是在发达地区（如浙江），还是相对偏僻的山东西南地区，以及其他地区，殡葬设施设备均在不断完善的过程中。设施设备体现当代科学技术的水平，与时代同步，与物质与精神共发展，有助于殡葬工作的开展。第二，服务模式高素质发展。目前我国发达城市的殡葬行业服务模式已经到了一定的层次。殡葬行业的服务项目已经达到多样化的程度，大众对于新的殡葬服务理念的接受有一个过程，对自身文化价值观有一次更替过程。第三，当地地区文化与殡葬文化价值追求的发展。殡葬作为文化，在不同的历史时期、不同的民族、不同的地域都具有不同的内容。当地殡葬单位应将自己地区独特的地域文化与殡葬文化相融，带动殡葬文化发展。

现代殡葬在我国各个地区表现出来的独特的价值观念、服务模式以及形态特征，代表了我国殡葬事业发展的方向，在未来很长的一段时间内，将成为我国殡葬事业发展的主旋律。在当下发展的社会，将传统殡葬业与现代科技发展相结合，其科学、环保、低碳理念不断地得到广大群众的支持与实践。

3.1.6 "互联网+殡葬服务"行业的内涵

殡葬业服务流程较为复杂，产品供应商以小型个体经营者为主，市场监管较为混乱。当具体进行业务时，与产业链上多个供应商的沟通成本较高，且容易产生利益纠纷。目前中国殡葬市场的一大问题是，服务中间环节过多，价格不透明，没有统一的服务质量标准和相关的行业监管，民众的消费体验较差。

殡葬业仍然延续着古老的传统模式，民间存在着许多个体从业者，他们利用特殊时空关系中的境况来获取经济利益，而公立的殡仪馆等服务项目又不为普通人所知，这样的经营模式存在很多漏洞，因此需要互联网的补充和创新作用。对民众来说，互联网可以通过合乎情理的方式提供殡葬产品信息，并为殡葬消费者在特殊时空下提供更多的选择。对于殡仪馆等服务机构而言，互联网可以通过优化产业链条，改善成本结构，缩减信息成本，提高自身收益，这也是互联网进入传统殡葬业的根本所在。

"互联网+殡葬服务"行业的内涵主要包括以下三个方面。

① 增加殡葬的文化底蕴。由于历史原因，我国的传统殡葬文化没有得到传承，殡葬的文化内涵还没有被充分发掘，年青一代对殡葬文化的了解更为缺乏。现代人对有文化意味的殡葬产品情有独钟，大操大办已经不是现代人所追求的丧葬模式，人们更希望走得体面而有尊严。

② 透明化的殡葬消费，以人为本的消费服务。殡葬一直是不讲价的生意，所以消费者对殡葬的消费体验一直很差，这主要体现在部分经营者漫天要价的现象。互联网平台提供的信息优势和竞争性的市场氛围将会扭转这种让消费者十分被动的局面，让明码标价成为行业的基本规则，让透明竞争带动行业发展，提升服务品质。这些都是对这个行业的正向推动，而且经营者也不难获得商业上的成功。通过透明化的市场，让行业内的企业正向竞争，激活企业的创新能力，实现行业洗牌、建立优胜劣汰的竞争氛围，提供质优价廉的殡葬服务。

③ 改变供应链结构。殡葬业务具体要落实到线下的尸体服务，殡葬O2O离不开线下实体经济的发展，如何与线下商家建立良好的合作关系，是至关重要的。

3.2

殡葬领域各阶段的研究情况

3.2.1 第一阶段：殡葬活动规范的初始化（1983—1990年）

早期的现代殡葬研究，主要研究农村丧葬习俗改革与殡葬改革立法的推进。这一阶段以殡葬为主题的文献有31篇，真正与殡葬研究密切相关的有12篇，其他为各种报道。从中华人民共和国成立初期到1984年，殡葬改革的主要工作是大力宣传和贯彻中共中央办公厅《关于共产党员应简办丧事、带头实行火葬的报告》。1983年开始，我国出现了回民殡葬服务所或回族殡葬服务站，这既是殡葬改革中尊重少数民族习惯的要求，也是殡葬改革个性化服务的开始。1985年，国务院发布了《关于殡葬管理的暂行规定》，这标志着我国的殡葬改革从倡导阶段进入法制阶段。1989年，民政部、公安部、国家工商行政管理局、国务院宗教事务局颁布《关于制止丧葬中的封建迷信活动的通知》。1990年，民政部、国家土地管理局颁布《关于制止丧葬滥占土地私建坟墓的通知》。从1990年起，就殡葬改革、殡仪服务、公墓的管理与建设、殡葬设备和丧葬用品的生产销售等方面，国家先后制定发布了29个规章和规范性文件。

围绕殡葬改革中殡葬的立法，这一阶段有代表性的研究主要体现在以下两个方面。第一，强调以立法促进殡葬改革。吴卞对广汉市推行殡葬事业改革进行了调查，余卫明在文章中提出加强殡葬立法促进殡葬改革。第二，农村丧葬习俗改革的新形式。叶大兵对温州市农村兴办公墓的殡葬习俗改革的新形式、节约文明的村办公墓进行了研究。

3.2.2 第二阶段：殡葬改革理论依据探索与殡葬业经营方式研究（1991—2000年）

1997年，国务院正式颁布了《殡葬管理条例》，这为殡葬单位执法正式提供了法律依据。关于经营性公墓发展的研究开始出现，也有学者对殡葬改革的火葬导向进行了讨论。在政府主导的殡葬改革推行的背景下，殡葬事业单位的经营方式开始寻求转变，开始试图从传统文化中寻求殡葬改革的理论依据。

这一阶段的相关文献有296篇，相关度比较高的研究文献为48篇。这一阶段有代表性的研究主要体现在以下方面。

第一，对殡葬改革的理论依据和未来发展方向进行了探索。魏忠义提到，人们为维护生存和争取生存的斗争从来没有停息过，由此而演化出来的种种对死亡的认识差异、抗争手段、善后行为以及道德评价，体现社会的变革和发展，这种趋向性导致了人类对死亡革命的认识和实践，为殡葬改革中出现的不同现象做出了哲学思考。饶学刚则从火葬的渊源分析了殡葬改革推行火葬的源流。杨伟在民政论坛发表了《火葬——殡葬改革之方向》，朱玉研究了殡葬改革的发展方向，倡导回归自然的方式，绿色生态殡葬开始成为选择。也有学者研究了殡葬事业单位采用多种经营方式发展的改革方式，认为殡葬事业单位经营方式转型采取市场化、企业化方式运作是解决之路。

第二，对殡葬改革问题及经验的研究。从改革的问题入手，对活人与死人的空间之争，殡葬陋习及殡葬消费中出现的问题，殡仪服务"三少"（网点少、人员少、教育水平少）等问题加以研究。于永军对殡葬陋习进行了透视与思考，讨论了殡葬陋习对环境的危害。

第三，对传统殡葬文化的深入挖掘。张全国等人提出了一种新的绿色土葬的殡葬形式。有学者对传统习俗与殡葬改革关系的深入研究，将传统的文化理论与生态环境工程有机结合，让中国传统文化在殡葬改革中发挥积极作用，对社会的丧葬习俗是一个很好的引导。在殡葬文化方面，除了对地区居民丧葬观进行调查研究外，丧葬习俗、殡葬文化、殡葬改革思想也开始被广泛研究。

3.2.3　第三阶段：殡葬改革问题的多视角解决以及市场化的出现（2001—2010年）

2004年7月1日《中华人民共和国行政许可法》取消了有关涉及殡葬的四个方面的审批，殡葬用品及服务市场开始出现乱象。这一时期对殡葬研究的范围比较广泛，相关文献有1419篇，相关度比较高的为五六十篇。2009年，民政部出台了《关于进一步深化殡葬改革促进殡葬事业科学发展的指导意见》，意见认为，随着改革开放和经济社会快速发展，我国殡葬事业总体水平与科学发展观要求不相适应的矛盾日益突出，在殡葬资源配置、殡葬服务质量、殡葬救助保障、殡葬管理体制和运行机制等方面，尚不能完全满足人民群众的丧葬需求。在这个大背景下，研究的主要热点如下。

第一，对农村殡葬改革的问题研究。有学者从法社会学视角进行了思考，也有学者讨论了河南农村殡葬改革的问题。李德珠从中国农村殡葬改革实践的角度进行了宏观论述，指出国家视角与民间信仰应该趋向统一，不仅仅从经济理性考虑殡葬改革，更要从文化角度将葬式葬礼中的道德花费与新葬式葬法进行重新解读。董磊明等人从社会学角度指出农村丧葬习俗有其自身固有的道德内涵，在农村地区强行推行殡葬改革会使原来形成的乡村秩序均衡状态陷入无序和混乱；随着市场的进入，经济理性和利益最大化原则会成为主导村庄丧葬行为的原则，从而导致村庄今后形成一种全新的低水平均衡。殡葬改革更应该从尊重传统风俗习惯的角度出发，在传统文化与国家政策之间找到一个很好的平衡。对于殡葬执法的研究，开始超越殡葬法制建设的研究，开始从法社会学视角研究殡葬执法中的习俗与改革并行。

第二，殡葬业的产业化研究与殡葬市场的暴利根源研究。朱金龙提出了我国殡葬服务市场的秩序规范问题。程寿提出，正确认识葬法改革与葬礼改革的关系，加大丧俗改革力度，挖掘殡葬服务的文化内涵，满足群众在殡葬服务方面的精神文化需要，以市场为导向，推进殡仪事业"产业化"成为一种新的殡葬改革之路。贺硕对殡葬暴利的根源与对策进行了探讨，提出了深化改革、破除垄断、加强管理、健全法制和移风易俗等遏制"殡葬暴利"的对策。赵挺对西方殡葬改革的背景和模式进行了分析，并给出了对我国的启示。

第三，生态殡葬的推行与建议。这一时期，对生态殡葬的宣传和推广开始兴盛。国家倡导绿色殡葬，公墓等建筑的生态化，全面推行绿色环保殡葬等分别从政策、习俗以及建设方面提出建议和对策。

3.2.4 第四阶段：现代殡葬的转型与我国殡葬服务的反思（2011—2015年）

《殡葬管理条例（2012年修订本）》由国务院于2012年11月9日发布。这一时期的研究热点主要集中在以下三个方面。

第一，农村殡葬改革的社会功能研究及重新审视。农村殡葬改革仍然是殡葬改革研究的热点领域。农村殡葬文化不仅是民俗文化的体现，也承担着农村社会治理的一部分社会功能，因此对农村殡葬改革的思考更需要因地分析，而非有一个具体的普适性的方法。武峥等人分析了新农村建设中农村殡葬以罚代葬、铺张浪费、基础设施不完善等问题，提出要增加农村殡葬改革的资金投入来完善新农村殡葬改革。汪俊英深入分析了当前阶段农村殡葬改革中的具体问题，分析火葬与节约耕地的关系，推行火葬一刀切的关系，宪法规定的各民族平等尊重的问题，以及在殡葬立法中如何将汉族入土为安的殡葬习俗考虑在内的问题。丁成强分析了现行殡葬法规在农村的一些不足之处，提出农村殡葬制度改革应尊重传统民俗，吸收有益成分，完善现有的农村殡葬制度，减轻农民的经济负担，传承孝道文化。

第二，殡葬市场化问题的研究。马金生、张楠分析了经营性公墓的经营状况与发展对策，认为在我国无论国有公墓还是私营公墓，都承受着经营成本与运营成本不断上升的压力，经营中还存在着用地紧缺、墓地炒卖、保障制度缺失等一系列问题。他们提出了完善有关机制、创新葬式葬法，并以立法来保障经营性公墓的合理经营方式。叶雷分析了市场化是美国殡葬服务业的一大特色，它在提供多元服务的同时也造成了社会公正的缺失。正是基于对市场化的反思与矫正，美国殡葬服务业中出现了一些去市场化的社会机制，对我国混乱的殡葬服务商品市场给予了启发。李煜、郭泽保则提出了殡葬改革要实现公益与效益平衡的观点。

第三，生态殡葬的研究。生态殡葬不仅是殡葬方式的转变，也是传统殡葬文化的转变，更是传统殡葬社会属性的转变。推行生态殡葬一定要改变传统殡葬的社会属性，建设现代殡葬的社会生态，实现殡葬社会转型，重新构建中国殡葬服务制度改革路径。郭林等人研究了生态墓园殡葬方式下的大众心理，认为目前人们的殡葬观念处在从传统墓葬到生态殡葬转变的过渡期，现阶段生态墓园推广还有一定的阻力，但生态墓园和生态殡葬方式是我国殡葬方式的必然趋势，前景良好。有文章将网络祭奠看作是绿色殡葬的一种，倡导大力推行；也有文章认为网络祭奠的发展关键在于社会殡葬文化的发展。

3.2.5 第五阶段：以人为本的殡葬改革与互联网思维的渗透（2015年至今）

随着时代的迅速发展，互联网文化已经成为社会不可忽视的一种现象。这一时期的殡葬改革研究比较稳定，而且更多地考虑了殡葬改革之下个体的权益和感受。研究文章呈现稳定趋势，研究内容主要表现在以下四个方面。

第一，农村殡葬改革仍然存在的很多问题亟待解决。陈先义从公共管理角度分析了安庆殡葬改革的异化现象，提出了因地制宜，制定弹性殡葬政策，采用文明执法、增加投入、注重宣传等手段。段永升、张新科在陕西关中一个乡村田野调查的基础上，提出了殡葬制度改革的措施以及用农村殡葬服务产业化发展来补充政府提供的殡葬服务。

第二，殡葬改革方面的议题渐渐从行政管理实施的单方面改进转向对现实社会中的人的行为反应的思考。郭林从制度社会学的角度分析了我国殡葬服务制度中的目标与结果相矛盾的一些现象，提出以人本主义、营益理念和治理的思维为策略。他还认为建立体系完备、结构合理、功能齐全的现代殡葬服务法制改革的起点在于对事物本质的认知，要完善殡葬法制必须从民众的生活与世界观入手，基于对制度实施者、民众的行为及其逻辑、后果的实质性把握，寻求法制与习俗契合的可能。

第三，殡葬文化新发展的研究。殡葬业生态化发展与美丽中国密切相关，因此围绕殡葬发展中的生态建设，柳艳超做了殡葬生态方式的生态建设评价研究，曾晨等人提出了绿色殡葬的前提条件是生态公民的养成。

第四，殡葬业的跨界产业化发展。殡葬与互联网的结合，催生了"互联网＋殡葬"公司的产生，因此有学者及记者从"互联网＋殡葬"的角度分析了可能的发展方向与问题。李辉在"互联网＋"助推现代殡葬转型升级中提出了利用"互联网＋"推动现代殡葬加速转型升级。殡葬业频繁与其他行业的跨界也引起了关注，殡葬行业服务产业化也被提出，有一些含有殡葬业务或者以殡葬业务为主的集团公司采用资本化运作模式进行上市。在这种背景下，刘一帆从价值链视角下对福寿园集团进行了殡葬行业盈利模式优化研究。他以国内殡葬行业的领军企业福寿园集团为例，探求其盈利模式并从价值链视角分析其现状及可能出现的问题，以期为福寿园集团以及其他殡葬行业企业在建立和完善自身盈利模式方面提出政策性建议。他最后分析出福寿园集团的三大问题，即产品上下游控制力不足、产品服务种类单一、集团经营多元化程度较差，同时分别提出解决产业链整合、产品服务多元化、集团经营多元化的三个对策，优化福寿园集团的盈利模式。这意味着殡葬服务市场已经形成一定的规模化效应。

3.2.6 互联网对人们生死观念的影响

互联网打破了时间、空间的界限，互联任意时间和地点。在信息化时代，互联网已经融入了人们的生活，使用网络已经成为人们的日常生活习惯。互联网对人们产生了潜移默化的影响。

实践使认识得以产生和发展。互联网给人类带来了巨大收益，人类对互联网技术的研发和发展也有了更深层次的提升。

网络作为一种现代化的传播工具，具有极其强大的信息处理能力和极高的传输速度，它拓展了人们获取信息的渠道。在信息的潮起潮落中把各种思想文化传播到世界各地。网络与传统的平面传播媒体不同，它能使声音、文字、图像等综合性很强的各种知识信息在瞬间生成、实时互动、高度共享，促进人们的思想文化交流。

当前国内生死学、生命哲学等研究成果通过网络被不断发布，研究者们各抒己见，在网上展示对生死方面的研究成果，通过媒体的传播获得了广泛影响。一些互联网新闻报道会对殡葬从业者的优秀事迹进行宣传报道。通过相关的报道，殡葬行业在人们心中的整体形象有了极大的提升，尤其是对于生长在网络时代的年青一代群体，他们通过互联网来了解生死问题。人们通过互联网购买殡葬服务和商品已成为互联网经济发展的一个成果。

通过互联网传播的与生命相关的多媒体信息，如音乐、电影等，向人们传播了现代的和积极向上的死亡观念，这些观念并逐渐被人们接受，如电影《入殓师》在我国传播后就引起了人们的热烈讨论。当前网上祭奠也在我国逐渐兴起，这一现象反映了中国人更加豁达的生死观。如果说从土葬到火葬，是殡葬形式的第一次重大进步；那么从保存骨灰到不存骨灰，是又一次巨大的飞跃。而网上公墓、网上祭奠，正是第二次飞跃的体现。网上纪念的生命力在于尊重习俗、提升习俗、改变习俗，它用现代高科技手段为亘古不变的终极人文关怀注入了新的时代气息。

3.3
国内外对丧葬仪式的研究

法国社会学家涂尔干通认为丧葬仪式具有凝聚力，强调仪式的社会整合功能。英国人马林诺夫斯基通提出了著名的"仪式功能论"，以及英国学者拉德克里夫·布朗认为丧葬仪式具有调节和维持社会秩序的仪式功能。

法国学者列维斯特劳斯通过深度建构以丧葬仪式、神话语言等为代表的象征符号系统，认为通过神话与仪式的展示可以了解人类文化的深层结构。美国人类学家特纳认为围绕仪式所展开的"阈限前（日常状态）—阈限期（仪式状态）—阈限后（日常状态）"的过渡是一种"结构—反结构—结构"的过渡过程。

格尔茨认为应将对仪式行为的探讨转移到对象征符号、意义和思维的文化分析方面，用仪式的象征理论来解释仪式引发人们的习性、影响人们观念的作用。

美国人类学家 James Watson 发现丧礼的执行和组织虽有地方性的差异，但仪式的整体结构是大致相同的，以此他提出了"文化标准化论"理论，但文化标准化理论并没有获得学界的认可，一些学者也发表了自己的意见。

中国最早开始以林耀华、杨庆堃等为代表，对丧葬仪式做了较为深入的研究，这些研究虽不能完全贴上功能主义的标签，但可以从中看出功能主义的烙印。郭于华在丧葬仪式功能论的研究基础上，借鉴格尔茨的阐释人类学解释方法，对传统丧葬礼仪的深层文化结构进行了研究。

3.4

综合评述

综合对殡葬领域发展问题的研究来看，这些研究者在我国各个阶段，关注了不同的问题，但是还存在一些不足之处。

第一，相关概念不清晰。

对殡葬业、殡葬服务业的概念区分存疑。目前对于大多数国家及地区来讲，提到殡葬业的同时意味着殡葬服务业，主要业务内容包括为遗体美容、化妆以及葬礼策划、组织、主持等。在我国，殡葬业与殡葬服务业概念仍然有不同的概念范围。殡葬业更为广泛地包括了殡葬全产业链。

第二，视角的单一。

综观目前的研究，对殡葬领域的研究大多是着眼于政策执行、殡葬市场的混乱等具体问题领域，部分针对整个行业的分析也是从企业投资战略角度进行，更多关注的是盈利模式和盈利策略。对整个殡葬业以时间序列进行的系统研究较少。基于此，本书从传统文化习俗的变迁规律出发，结合近些年殡葬业的具体数据，分析殡葬业结构发展的内在机理。

第三，方法研究单一，对殡葬业的研究仍处于局部研究与概念阶段。

一项政策的颁布会因为地域的不同产生多种结果：学者们的研究更多注重政策效果或者政策背景下具体殡葬矛盾的解读和对策，大多采用定性分析方法从管理、体制或者社会层面区去分析，但利用相关理论进行实证分析、预测殡葬业发展规律的很少，殡葬业的整体发展缺乏一个客观、有效的分析。目前殡葬业取得的效益，大多存在于政府的工作报告中，出现在民生工程的文件中，其作为政府行政能力的体现。另外，也有存在于殡葬企业，尤其是墓葬企业的年度收益报表中取得的经济效益，更有社会舆论针对殡葬矛盾热点反映出的民意评价。以上数据，对殡葬业的发展量化都是片面的。基于此，本书尝试以殡葬业总体收入作为被解释变量，通过考察现实中的个体、企业、事业、政府等方面，找出可能的影响因素，再通过模型方程进行实证分析，设置门槛变量，试图找出殡葬业效益的来源，探索殡葬业自身的发展规律，以期弥补之前研究的不足。

4 中国"互联网＋殡葬服务"行业发展背景及现状

我国的殡葬业主要包括三大块：丧葬用品的制造和销售；殡葬服务；墓地的销售和管理。丧葬用品市场是完全市场化的竞争状态；殡仪服务主要由殡仪馆提供，我国目前民营殡仪馆仅占13％；经营性公墓比例达到50％。其中，生前契约模式的业务仍然很少。

4.1 中国"互联网＋殡葬服务"行业政策背景分析

伴随着"互联网＋"理念的发展，"互联网＋"模式应运而生，其相关理念已经逐渐渗透到社会经济发展的各个领域，成为驱动中国经济发展的主要动力。2015年7月国务院发布了《关于积极推进"互联网＋"行动的指导意见》，鼓励将"互联网＋"与传统产业相融合，推动互联网向生产领域拓展。2016年7月《国家信息化发展战略纲要》（以下简称《纲要》）发布。《纲要》指出，当今世界信息技术日新月异，以数字化、网络化、智能化为特征的信息化浪潮蓬勃兴起。全球信息化进入全面渗透、跨界融合、加速创新、引领发展的新阶段。谁在信息化上占据制高点，谁就能够掌握先机、赢得优势、赢得安全。"互联网＋"的时代已经到来，各行各业都在深度融合互联网、物联网、大数据、云计算等先进技术。在这样一波互联网浪潮的激励下，殡葬行业也在不断探索互联网模式下的管理与服务创新，通过前沿科技的使用提升内部的管理效能，从而为用户带来更优质的服务。

4.1.1 行政管理保障分析

为了进一步实现殡葬行业互联网应用的普及目标，促进殡葬行业的发展，民政部下发了相关的保障措施和办法。

① 加强组织领导。各地把推进"互联网＋殡葬服务"作为践行"民政为民、民政爱民"工作理念、优化殡葬服务管理的重要举措来部署实施，明确领导责任，将其纳入民政信息化建设的统一安排，并积极争取纳入当地政府"互联网＋"行动计划，制定专项工作方案和配套政策措施，强化督导考核，确保各项任务落实到位。立足当地实际，重点做好信息平台建设与应用推广、开展在线服务等工作，提升殡葬服务信息化水平。加强与相关部门的沟通协调，依托殡葬工作领导协调机制或联席会议制度，研究解决推进"互联网＋殡葬服务"工作中的重大问题。

② 落实经费保障。各地要争取将殡葬信息化建设经费纳入财政预算，发挥财政主导作用，保障殡葬信息化发展需求。贯彻落实国家"十三五"相关规划要求，对新建的殡葬基础设施，统筹考虑信息化建设方面的配套保障资金。探索政府与社会资本合作模式，积极营造有利于吸引社会资本参与殡葬信息化建设的政策和制度环境，为系统开发、设备配置、运营维护等提供经费保障。加强殡葬信息化建设的项目管理和经费监管，防止盲目建设、低水平建设和重复投资，提高使用效益，加强廉政风险防控。

③ 强化人才队伍建设。各地要加强殡葬领域信息化人才队伍建设，组织开展骨干力量培训，培养一支既懂互联网又精于殡葬业务的

专业人才队伍，强化智力支持。加强与大中专院校、科研院所、社会组织和专业技术企业合作交流，建立专家咨询机制，建立稳定专业的信息技术服务队伍。通过政府与社会资本合作、公开招投标、政府购买服务等方式，积极吸引企事业单位及其他社会力量参与"互联网＋殡葬服务"建设，强化专业人才队伍力量，为系统开发、运行维护和技术支持提供专业化服务。

④ 开展试点示范。各地要把殡葬信息化建设与殡葬综合改革试点工作同部署、同安排。北京市民政局等五个试点单位要认真落实有关信息化试点的部署要求，抓紧推进平台应用推广和升级改造，探索殡葬管理服务新模式，为推进"互联网＋殡葬服务"提供可复制、可推广的经验。未纳入试点的省份，可根据本地实际自行部署试点和全面铺开等相关工作，加快推进殡葬信息化建设。各地要鼓励扶持在推动"互联网＋殡葬服务"中表现突出的殡葬服务机构、企事业单位和社会组织，形成合力，推进智慧殡葬建设不断取得新进展。

4.1.2 行业政策动向分析

中国网民截至 2018 年 12 月达到了 8.29 亿，普及率为 59.6％，我国已经成为网络大国。

2015 年 7 月 1 日，国务院印发了《关于积极推进"互联网＋"行动的指导意见》，就积极推进"互联网＋"行动提出了明确意见。2016 年 2 月 19 日，民政部等 9 部门印发了《关于推进节地生态安葬的指导意见》，明确提出：着力提高节地生态安葬服务水平，推进互联网、物联网与殡葬服务融合发展。 2016 年 6 月 24 日，民政部印发了《民政事业发展第十三个五年规划》，明确提出：推进"互联网 ＋ 殡葬服务"，创新和优化殡葬服务供给，提供更多优质的殡葬公共服务产品。

2017 年 7 月，中国殡葬协会成立了带有互联网属性的"互联网+"工作委员会；同时在2016年年底的时候，民政部也从政府方面成立了殡葬信息化改革领导小组，在政策上倾斜，在工作上重视"互联网＋殡葬服务"的相关工作，基本上确定了殡葬行业未来的互联网化的方向。2017年民政部将推动修订《殡葬管理条例》，加强殡葬服务机构规范化、信息化建设纳入了议事议程。2018年为贯彻党中央、国务院关于网络强国建设、"放管服"改革和殡葬改革等重大决策部署，按照《"互联网＋民政服务"行动计划》相关要求，加快推进"互联网＋殡葬服务"，推动殡葬事业健康发展，民政部研究制定了《关于推进"互联网＋殡葬服务"的行动方案》，并下发到所有殡葬服务单位。

推进"互联网＋殡葬服务"总体要求是以习近平新时代中国特色社会主义思想为指导，深入贯彻落实党的十九大和十九届二中、三中全会精神，坚持以人民为中心的发展思想和新发展理念，以殡葬管理服务信息平台建设为基础，以标准规范体系建设为支撑，以信息化促进殡葬服务水平提升为目标，加快推动殡葬管理服务模式创新，大力发展智慧殡葬，方便群众办事，让人民群众有更多获得感。强化顶层设计，落实民政信息化建设总体要求，按照"金民工程"统一规划，统筹推进"互联网＋殡葬服务"工作；致力于融合创新，加强互联网、物联网、大数据技术与殡葬管理服务等全方位、深层次融合应用，创新殡葬服务管理模式；坚持协同共享，推动跨层级、跨地域、跨系统、跨部门的殡葬业务协同和资源共享；保障数据安全，加强数据安全管理和个人信息保护，健全多层次的网络与信息安全防护体系。

4.1.3 行业发展规划分析

根据民政部发布的相关文件和远期规划，通过相关政策的引导和支持，力求促使我国互联网与殡葬服务实现深度融合，殡葬服务更加便民、透明、优质，殡葬管理决策更加科学、精准、高效，殡葬领域逐步实现网络化、协同化、智能化,"互联网+"成为促进殡葬事业改革发展的重要驱动力量。到 2020 年,达到殡葬服务机构基本实现业务办理信息化,国家和省级殡葬管理服务信息平台实现互联互通,与地方各级民政部门、殡葬服务机构有效对接,国家基础殡葬信息数据库初步建成,纵向贯通、横向互联、信息共享、业务协同的信息化发展格局逐步形成,殡葬信息化水平明显提高。

为了实现民政部的规划目标,民政部明确了重点任务和进度安排。

① 构建殡葬管理服务信息平台。民政部负责开发全国通用版殡葬管理服务信息系统并推广应用,各地可通过直接使用该信息系统,或依据标准自行开发信息系统以及对已有信息系统进行升级改造等方式实现部省对接。

建成全国殡葬管理服务信息平台;2019 年底前省级殡葬管理服务信息平台全部建成;2020 年底前实现部省两级平台互联互通,市、县民政部门和殡葬服务机构与省级平台有效对接。

② 加强殡葬信息化标准规范建设。民政部结合全国殡葬事业发展需要和殡葬信息化建设实际,依据现有国家标准、行业标准,优先制定涉及殡葬信息化建设的业务流程规范和信息系统建设等基础性、关键性标准规范。地方民政部门在国家颁布的行业标准框架下,制定符合当地实际需求的殡葬信息化地方标准。积极推进标准规范的贯彻实施,对信息系统和运行支撑环境应严格按照相关标准规范进行建设管理或改造升级。

③ 提高殡葬互联网政务服务水平。充分运用互联网技术,加强殡葬政策和文化的宣传,做到与群众切身利益密切相关的殡葬服务信息公开透明,方便群众在线获得信息。加快推进殡葬审批类政务服务事项在线审批,探索跨部门事项一站式服务模式,不断提升殡葬政务服务质量。

到 2020 年底,各地殡葬服务设施审批、境内遗体异地运输审批等政务服务事项基本实现在线申报和在线审查,提高政务服务透明度和效率。

④ 推动殡葬服务线上线下互动融合。在全国统一的标准规范要求下，积极推动殡葬服务机构加强自身信息化能力建设，做到相关的业务服务信息线上公开，线上线下密切互动，应用电子结算和第三方支付等方式，加快实现殡葬业务办理网络化。

⑤ 推进殡葬大数据治理能力建设。建立国家基础殡葬信息数据库，实现民政部门内部殡葬数据与其他数据之间的共享交换，推进与其他部门的相关数据共享交换，不断完善国家基础殡葬信息数据库信息，并支持其他政务服务协同应用。运用大数据加强和改进对殡葬服务的监管，推动建立殡葬服务信用评价体系，探索建立守信联合激励、失信联合惩戒机制。建立健全殡葬大数据分析应用机制，将殡葬信息数据与相关信息数据进行动态关联分析，提高殡葬管理科学决策水平，也为其他行业管理提供数据支撑。

到 2020 年底，各省份全部完成 2010 年以来有纸质档案的殡葬历史数据补录工作；在部省两级平台互联互通后，各省份将补录的历史数据迁移、汇聚至全国平台，并实现实时数据交换，初步建成国家基础殡葬信息数据库；打破部门间数据壁垒，通过民政统一数据共享交换平台，推进与公安、人力资源社会保障、卫生健康等部门相关数据在线交换共享。

4.2
中国"互联网+殡葬服务"行业经济背景分析

近年来，从中央到地方，陆续出台了一系列支持互联网金融发展的政策文件，有关互联网金融的法律法规和行业标准也在不断建立和完善，为互联网金融的发展创造了有利的政治法律环境。从中央层面来看，2015 年 3 月，李克强总理在政府工作报告中首次提出"互联网+"行动计划，明确要求要促进电子商务、工业互联网和互联网金融健康发展，传达出国家高层对互联网金融持有积极支持与鼓励的态度。同年7月，国务院出台了《国务院关于积极推进"互联网+"行动的指导意见》，将"互联网+"普惠金融列为十一项重点行动之一，提出促进互联网金融健康发展，全面提升互联网金融服务能力和普惠水平，重点提出探索推进互联网金融云服务平台建设，鼓励金融机构利用互联网拓宽服务覆盖面和积极拓展互联网金融服务创新的深度和广度。同月，人民银行等十个中央部委联合下发了《关于促进互联网金融健康发展的指导意见》，成为互联网金融行业的规范性指导文件。文件提出了一系列鼓励创新、支持互联网金融稳步发展的政策措施，同时明确了互联网金融主要业态的业务边界和监管职责分工，落实了监管责任。同年12月，国务院出台了《国务院关于印发推进普惠金融发展规划（2016—2020年）的通知》，明确提出要创新金融产品和服务手段，积极引导各类普惠金融服务主体借助互联网等现代信息技术手段，降低金融交易成本，延伸服务半径，拓展普惠金融服务的广度和深度。2016年3月，国家出台《国民经济和社会发展第十三个五年规划纲要》，提出规范发展互联网金融；实施"互联网+"行动计划。随着中央文件的逐步落实，国家对互联网金融的支持力度将会越来越大，互联网金融必将迎来进一步的快速发展。互联网金融环境的整治和有序发展为殡葬行业在互联网背景下的融资和投资提供了国家层面的制度和法律保障，融资和投资环境的改善为殡葬业的互联网化发展提供了新的动力。

4.2.1 国际宏观经济运行分析

2008年全球性金融危机以来，宏观上，全球经济处于复苏的趋势。目前世界经济主要特征如下。

第一，全球经济进入加速增长的"新阶段"。

当前世界经济处于后危机时代的转型调整期，复苏步伐逐渐加快,动能不断增强,未来一个时期,全球经济的增速有望超过1980年至2017年的均值。

第二,全球劳动力市场持续改善。

新兴经济体的劳动力市场整体改善。随着全球经济的复苏步伐加快,全球劳动力市场有望向着充分就业更进一步。

第三,全球主要经济体的通胀水平在波动中不断抬升。

拉动全球通胀上升的主要原因包括:全球经济活动的复苏,油价和大宗商品价格的稳步回升,美国、日本、欧洲等主要经济体工资收入加速增长等。

第四,主要经济体的货币政策从宽松到日益趋紧。

全球金融危机爆发之后,为了应对危机,世界主要经济体的货币政策迅速趋同,各国中央银行相继采取了或扩张或极度扩张的货币政策,通过实施各种非常规政策工具应对危机和衰退。目前两大央行有货币政策逐渐正常化的迹象。通胀率和通胀预期的上升将使欧洲央行逐步减少资产购买规模,并取消负利率政策。日本的通胀率和通胀预期仍然很低,为实现通胀目标,超低利率的货币政策仍将持续,但购债规模已经有所萎缩。

第五,全球贸易有所复苏但贸易摩擦威胁增大。

全球贸易复苏的原因,一方面在于发达国家经济修复带动的外需扩张,另一方面在于大宗商品价格的回升。但特朗普上任后,以"201条款"和"301条款"为由对贸易货币开展贸易摩擦,对全球贸易的前景形成巨大的冲击。

第六,全球投资前景虽然下滑但前景仍然可期。

联合国贸易和发展组织发布最新的《全球投资趋势监测报告》显示, 2018年全球外国直接投资(FDI)下滑19%至1.2万亿美元,这是该数据连续3年减少,跌至因全球金融危机而下滑的2009年以来的低水平。报告认为2019年FDI会略有回升,但受贸易摩擦等不稳定因素影响会呈现低迷态势。虽然全球贸易形势仍不明朗、诸多国家保护主义势头上涨、全球经济增速放缓,都对接下来全球投资构成挑战,但中国吸引外资总量逆势增长4%,继续稳居全球第二大外资流入国之位。

第七,全球新旧动能转换加快。

近年来,创新战略已经成为世界各国的共同需求,各国纷纷提出将智能制造作为国家未来发展的重要方向,如德国工业4.0、美国互联网制造、日本智能制造等,俄罗斯、印度等也提出了自己的智能制造战略,全球性新旧动能转换将表现得非常突出。同时,随着互联网、物联网、人工智能、云计算、云服务、大数据等新一代信息通信和数据技术的不断进步,新经济、新模式、新业态不断涌现。

中国巨大的消费潜力和消费群体正在吸引全世界投资者的目光,全球资本在寻找新的投资途径的过程中都对中国的殡葬市场产生了浓厚的兴趣。中国作为文化大国,有着丰富的殡葬文化来支撑市场需求,庞大的人口基数为投资提供了稳定的消费群体,投资风险相对较低,目前美国和东南亚的资本均在中国的殡葬行业有巨额投资。

4.2.2 国内宏观经济运行分析

从整体经济形势来看,随着中国经济增速的放缓,中国经济进入了一个新的常态。在这个常态下经济潜在增长区间进一步下移,宏观经济不可能再像前些年那样高速增长,经济增长将长期处于6%～7%的中速阶段,经济增长也将由过去的依赖于出口和投资,更多地依赖于创新和消费。根据国家统计局数据,2018年中国GDP首次突破90万亿元人民币,经济总量达到13.6万亿美元,排名世界第二;2018年中国GDP增速为6.6%,虽然增速有所放缓,但从绝对增量上来看依然巨大,因此经济的发展潜力依然巨大,对金融的需求依然旺盛。与此同时,经济结构将进一步转型升级,经济结构会进一步优化,第三产业的比重也会进一步提高。

一方面在国家提出的"互联网+"政策指导下,各行业通过积极与互联网深度融合,推动技术进步、效率提升和组织变更,形成新的经济创新力和生产力，以科技创新引领的互联网等高技术产业将得到快速发展。2018年，为贯彻党中央、国务院关于网络强国建设、"放管服"改革和殡葬改革等重大决策部署，按照《"互联网＋民政服务"行动计划》相关要求，加快推进"互联网＋殡葬服务"，推动殡葬事业健康发展，民政部研究制定了《关于推进"互联网＋殡葬服务"的行动方案》。另一方面，国家提出了"大众创业，万众创新"的号召。2015年政府工作报告中提出"大众创业，万众创新"；2015年6月11日，国务院印发《关于大力推进大众创业万众创新若干政策措施的意见》；可以说随着大众创业、万众创新的深入推进，我国经济将迎来创新驱动发展的新高潮。从互联网金融的经济形势来看，互联网金融发展所依托的电子商务方兴未艾。电商市场规模仍呈增长趋势。据中国电子商务研究中心（100EC.CN）监测数据显示，2017年中国电子商务交易规模为28.66万亿元，同比增长24.77％。其中，B2B交易额20.5万亿元，网络零售交易额7.17万亿元，生活服务电商交易额9986亿元。服务企业从业人员数量巨大。2017年12月，中国电子商务服务企业直接从业人员超过330万人，由电子商务间接带动的就业人数，已超过2500万人。我国互联网经济的蓬勃发展和日渐成熟的电商配套技术服务，以及强大的内需为殡葬这一传统行业焕发新的活力提供了现实条件和宝贵的历史机遇。殡葬所涉及的服务类别包含技术、服务和销售多个方面，这些多样性的业务发展方向也为有志进行创业的广大青年殡葬从业者提供了新的投资方向。

4.2.3 社会环境发展对行业的影响

随着互联网的普及和发展，微信、微博、虚拟社区等迅速兴起，网络交流与交易日益盛行，社会组织网络化加快。截至2019年6月，我国网民规模达8.54亿，普及率达到61.2％，较2018年底共计新增网民2598万人，增长率为1.6％。中国网民规模已经相当于欧洲人口总量。在网络设备的使用中，台式电脑、笔记本电脑的使用率均出现下降，手机、平板电脑等移动互联设备的使用率不断上升。截止到2019年6月，手机网民规模达8.47亿，占我国网民规模的99.1%。总体来看，我国社会越来越互联网化，并且我国社会的互联网化正逐步由传统的固定互联网过渡到移动互联网阶段。

随着移动互联技术的发展，互联网技术开始从线上走向线下，催生了互联网与传统实体产业相融合的概念，也就是现在大家熟知的"互联网＋"，这些都需要借助云计算、大数据、物联网等新一代互联网技术。

随着移动互联技术的发展，人们的生活越来越依靠手机等智能移动终端。技术的发展影响着人们生活的方方面面，殡葬行业在移动终端相关技术的应用上还有很大的发展空间和市场需求。

4.3 中国"互联网＋殡葬服务"行业技术背景分析

互联网将信息技术与殡葬相融合，将移动互联网、物联网、大数据、云计算等技术应用于殡葬活动中，提升了殡葬行业的信息化水平。互联网对传统殡葬行业的影响有以下几个方面。

① 互联网的便捷性，可以大大减少殡葬服务的中间环节，可以让消费者直接与服务提供者交流。

② 互联网的透明性，能够改变殡葬行业信息不对称格局，降低社会监督成本。

③ 数据化经营活动，通过互联网和大数据技术，可以提升社会资源利用效率，进行消费习惯等个性化分析，提升相关殡葬产品生产和研发的针对性。

④ 引入物联技术，能够改变殡葬行业技术水平落后的局面，解放

生产力。

⑤ 互联网的意识输出与互动性，能够有效提升生命文化的传播效能比，影响和改变人们的生死观。

⑥ 互联网的泛关联性，能够对殡葬行业的跨界融合产生广泛影响，加快殡葬行业的转型升级。

⑦ 互联网的记录性和检索性，能够对社会殡葬行为产生深远影响，推动殡葬供给侧的改革转型。

⑧ 互联网的对比性，能够对殡葬服务行为和殡葬消费行为进行比对和评估，促进服务水平的完善和提升。

⑨ 互联网的延展性，能够促进社会服务资源的整合与扩展，形成适应需求的无疆界服务平台。在互联网从信息存储传输的初级功能向行为数据分析创造功能的演变过程中，互联网无时不在对传统行业转型和改善发挥着巨大威力。互联网特别是移动互联网的广泛应用，已经催生出无数个"互联网＋传统行业"的成功范例，这为殡葬行业与互联网进行深度融合提供了无限的可能性。

4.4
互联网背景下我国殡葬业发展现状

当前社会中的各个行业都受到"互联网＋"政策大环境的影响，殡葬行业也不例外。无论是殡葬企业单位还是殡葬事业单位，基本都发布了自己的微信公众号，尝试与互联网进行融合与对接。现实存在的情况是大多数的殡葬机构的互联网应用，仍然处于信息的发布与服务透明方面，具体的业务仍然没有与互联网融合。而社会力量在殡葬与互联网融合方面却非常主动和宽泛，涉及电商、自媒体、金融保险、文化传播、人才交流、信息技术应用等多个层面。

4.4.1 殡葬管理数据平台建设与应用情况

目前各省市都在积极建设各级殡葬管理数据平台,加快信息化政务管理的步伐,但存在数据统计口径不一致、信息端口不兼容、数据关联存在断层等多方面的问题。殡葬业务管理系统受到殡葬单位的重点关注。很多单位都在升级自己的业务管理系统,试图在本单位内部建成一个高效的企业级管理信息网络,以提高单位内部管理能力和各部门工作效率,规范服务流程,使管理行为由事后处理提高到事前预测、事中监控、事后评估的水平。虽然大部分业务管理系统的安全性和数据准确性已经得到充分验证,却不同程度地存在针对性不强、智能化不足、无法与外网关联扩展等问题。

4.4.2 殡葬服务网站建设功能多样化发展

自媒体和移动互联媒体的影响力越来越大,殡葬单位已经意识到官方网站和相关自媒体建设的重要意义,大多数殡葬单位都已经建设了相关的媒体平台。作为传统互联网和移动互联网的入口,官网和微信在业务推介、新闻宣传、舆情引导、功能展示、网络祭祀等方面发挥着巨大的作用。但大部分单位的网站功能单一、信息更新周期过长,网站互动和辅助作用受到影响,仅少数单位通过 VR 虚拟现实技术和物联网技术从网上建立一个墓园或者殡仪馆,实现虚拟与现实的结合。

4.4.3 殡葬电商服务平台建设情况

社会商业资本正在不断探索互联网与殡葬服务的结合,殡葬网站的数量也日益增多。但就目前来看,殡葬网站的运行状况并不理想。通过对国内 6 家主流殡葬网站的五类服务的统计分析,从图 4-1 中可以看到，前几年比较火的单纯祭祀类网站已经不多，且运营上也有较多困难。而随着WEB 2.0时代的更迭以及自媒体的不断兴起，论坛类网站逐渐式微，媒体类网站有所增多。作为殡葬类网站的主流，电商类以及综合类网站所占比例较多，但是也应该清醒地看到，除了个别知名度较高的网站运营良好之外，其他网站在运营上都遇到不同的问题，甚至很多运营公司倒闭，网站已经不能正常打开。

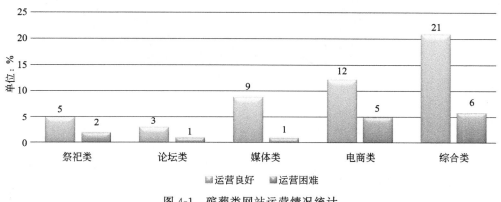

图4-1 殡葬类网站运营情况统计

殡葬用品网店的经营情况，可以说是分化严重。在淘宝的殡葬用品店统计中，共有1800家销售殡葬用品的店铺。每家店铺的销售情况不尽相同，通过详细的统计，分析图4-2可以发现，销量在500件以上的有90家，销量在100件以上的有360家。销量在50件以下的约有1314家，占比73%。这些店铺基本属于"僵尸店铺"，单靠网上销售是无法正常运营下去的。假如以月销量在500件以上才能正常经营作为标准，符合标准的只有90家，可见殡葬用品在电商平台上的销售也并不乐观。

社会力量正在大胆探索互联网思维下的殡葬服务模式，很多企业已经在探索建立O2O+B2B2C的殡葬服务平台，将建立服务标准化和降低殡葬服务成本作为切入重点。在B端，利用互联网平台形成殡葬服务人才资源的快速流动和整合，促进线下殡葬服务的转型；通过微信等社交服务平台打通C端用户开设殡葬用品电商，以透明的价格提供殡葬用品和服务。

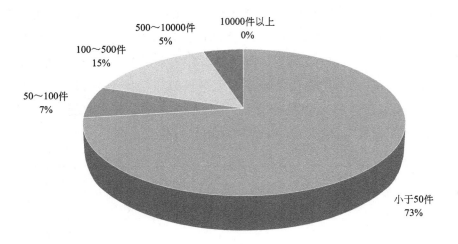

图 4-2　殡葬用品淘宝店铺月销量统计

虽然这些社会力量在互联网条件下形成了对殡葬服务的正向推动作用，却也面临着行业制约、地域文化和殡葬习俗差异、产品接受度弱、殡葬实体店挤压、用户产品需求不明等困难。这些尝试对深入探索"互联网＋殡葬服务"具有重要的意义。

4.4.4　殡葬业总体结构发展变化

殡葬业是一个古老而又封闭的行业。虽然政府主导下的殡葬业结构略显单一，但殡仪服务发展过程却十分曲折。民政部门对殡葬用品和选择性殡葬服务的前置审批权被取消，殡葬用品的生产、流通和殡仪服务市场已经完全放开，经工商部门注册登记，不同主体均可平等参与殡葬服务市场竞争，殡仪服务与殡葬用品已经全面市场化，一部分殡葬企业已经开始上市经营，一部分外资开始进入殡葬领域，殡葬业逐渐演变成一个动态的、开放的复杂系统，其中一些企业与其他外界行业密不可分。因此殡葬业发展有其自身的机理，只有弄清楚殡葬行业发展在一段时间内的结构变化，才能找到影响其发展的关键因素。

为研究我国殡葬业发展机理，书中所采集的数据主要来源于民政统计年鉴，以2000年之后的民政统计年鉴中的数据作为主要分析内容，而不包含民政统计年鉴之外的部分殡仪服务企业或者有关殡仪服务的文化公司，其他从事殡仪服务的公司可能已经被统计到其他行业，因此殡葬实际从业数据肯定要多于统计数据。

统计过程中提到的殡葬管理机构包括民政部、民政局以及殡葬管理所等。殡葬服务机构包括殡仪馆、殡仪服务站、骨灰存放处、公墓等。殡仪馆是国家为推行殡葬改革，由国家投资兴办，民政部门经营管理的专门为丧主办理丧事提供服务的殡葬事业单位。公墓是为城乡居民提供安葬骨灰和遗体的公共设施。公墓目前分为公益性公墓和经营性公墓。具体殡葬服务的各个环节如图4-3所示。

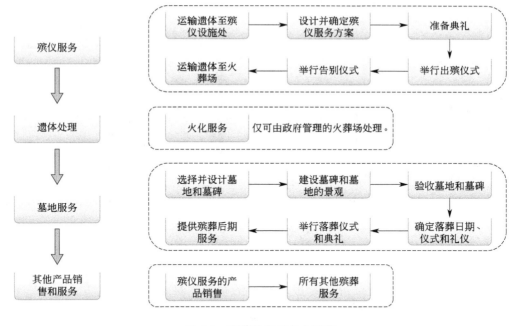

图4-3 殡葬服务的各个环节

殡葬服务过程中的各个环节，我们按照场所分为两大类，发生在下葬阶段的各项服务我们统称为葬业，发生在其他各个阶段的服务，我们统称为殡业。本书从殡葬业中殡与葬两部分变化入手，结合现实其他情况，分析殡葬业发展中的结构特征、变化趋势等发展机理。

4.4.5 总体情况发展变化

根据相关资料发现，自 2005 年以来，殡葬管理机构总数呈现出先上升后下降的情况，在 2014 年从数量峰值下降，殡葬管理单位数从开始的 466 个，发展到峰值为 1141 个，而后又下降到 2013 年的水平。出现这种情况原因主要在于殡葬管理单位的精简。殡葬管理机构主要从事的是殡葬管理和殡葬政策颁布执行的工作，管理机构数的上涨直接说明了我国殡葬改革过程中，殡葬业的发展是受政府高度管控的。为了便于分析，我们对殡葬机构、殡葬管理单位、从业人数总数及年增长率进行分析，如图 4-4～图 4-7 所示。

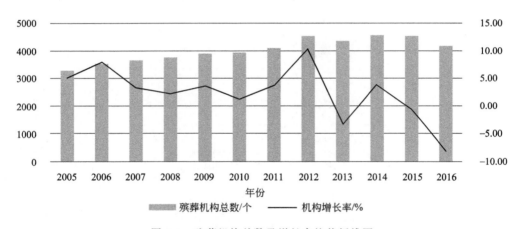

图 4-4 殡葬机构总数及增长率柱状折线图

分析图中数据可以看出，实际的殡葬机构总数的下降主要是由于殡葬管理单位个数的下降，这与我国最近几年机构改革的大趋势是一致的，而从业人员数从 2015 年到 2016 年的大幅下滑主要也是因为殡葬业精简结构导致的从业人数减少，这也说明殡葬从业人员中，管理人员的数量占比非常大。

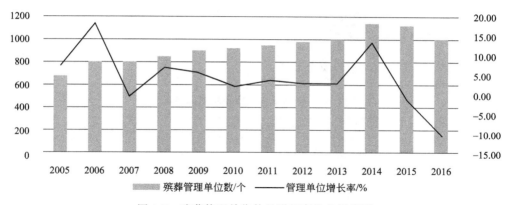

图 4-5 殡葬管理单位数及增长率柱状折线图

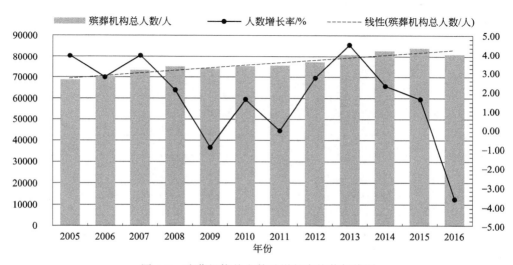

图 4-6 殡葬机构总人数及增长率柱状折线图

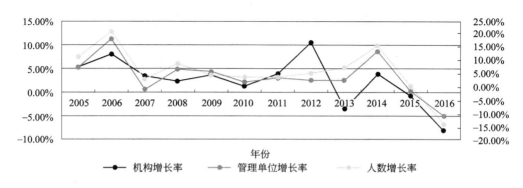

图 4-7 殡葬机构增长率、殡葬管理单位增长率及殡葬机构总人数增长率折线图

4.4.6 殡仪馆变化情况

全国殡仪馆数据如表 4-1 所示。

表 4-1 全国殡仪馆数量及职工情况

年份	殡仪馆数量/个	殡仪馆职工数/万人
2000	1363	3.3
2001	1415	3.5
2002	1486	3.8
2003	1515	4
2004	1549	4.3
2005	1549	4.4
2006	1635	4.4
2007	1708	4.5
2008	1692	4.5
2009	1729	4.5
2010	1724	4.5
2011	1745	4.5
2012	1782	4.5
2013	1800	4.6
2014	1801	4.6
2015	1821	4.7
2016	1775	4.7
2017	1760	4.7
2018	1730	4.6

从图 4-8、图 4-9 中可以看出，殡仪馆数量的增长率虽然下降，但殡仪馆的数量一直是缓慢增加的。而殡仪馆职工数却一直处于稳定的状态，增加得非常少。

4.4.7 公墓数量变化情况

我国近二十年来的公墓及落葬数量如表 4-2 所示。

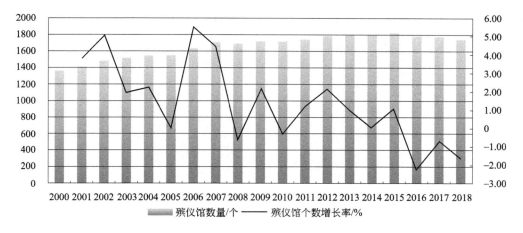

图 4-8　2000—2018 年殡仪馆数量及增长率

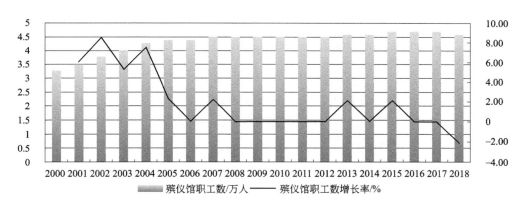

图 4-9　2000—2018 年殡仪馆职工数及增长率

表 4-2　公墓及落葬数量表

年份	公墓数/个	穴位数/万个	总落葬数/万具
1999	624	284.4	186.1
2000	692	321.8	200.9
2001	757	419.1	308.5
2002	854	591	304.8
2003	855	656	354.1
2004	937	764.8	377

续表

年份	公墓数/个	穴位数/万个	总落葬数/万具
2005	1009	692.4	434.5
2006	1109	852.2	458.5
2007	1162	927.6	557.8
2008	1209	944.9	590.1
2009	1598	1041.8	632.8
2010	1308	1129	666.7
2011	1406	1206.1	757.9
2012	1597	1217.3	710.4
2013	1506	1129.4	775.2
2014	1598	1431.8	791.5
2015	1567	1581.1	1038
2016	1389	1557	1090.8

根据表 4-2 我们做了图 4-10～图 4-13。

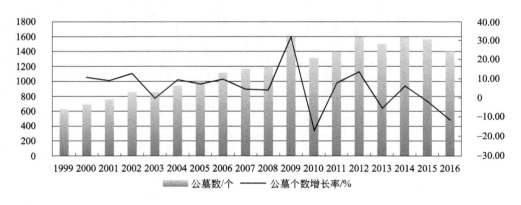

图 4-10 公墓数及增长率柱状折线图

从以上图表中可以分析出公墓数量在 2010 年前后增长迅速，近几年增长缓慢，从 2014 年到 2016 年，公墓数量以及穴位数增长率急剧下降，这与国家倡导绿色殡葬、节约土地有直接关系，对于部分地区，

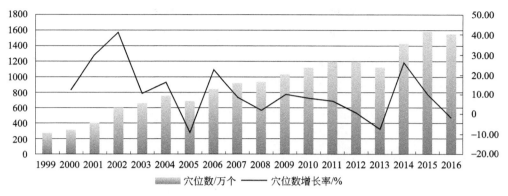

图 4-11　穴位数及增长率柱状折线图

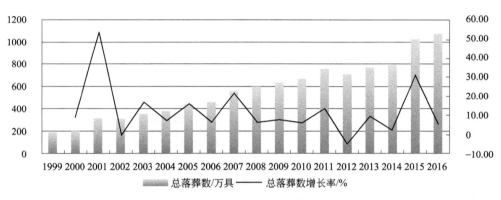

图 4-12　总落葬数及增长率柱状折线图

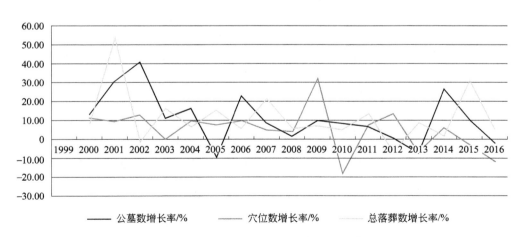

图 4-13　公墓数增长率、穴位数增长率及总落葬数增长率

国家也不再审批新的墓地。比较公墓个数增长率以及穴位数增长率和总落葬数增长率，可以得出，总落葬数增长要快于公墓个数与穴位数增长，这是国家推行生态安葬的结果。但是就目前的国情看，公墓的存在和发展是一种必然。

4.4.8 殡葬服务能力结构变化

根据图 4-14 我们可以看出，殡葬机构单位数在我国大部分地区，基本是处于比较平稳变化的，只有在个别地区，才会出现大的波动，而每个地区产生大的波动的原因又各不相同。

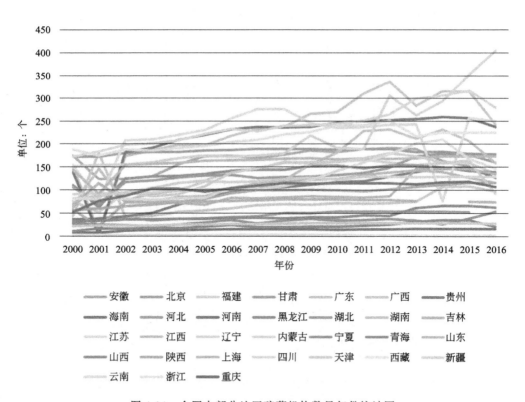

图 4-14　全国大部分地区殡葬机构数量年份统计图

同时，我们构建指标如下：

dwrk（单位殡葬人服务人口数）＝区域人口数/区域殡葬业人数
dwmj（单位殡葬人服务面积数）＝区域面积/区域殡葬业人数
zhfw（单位殡葬人综合服务能力）＝dwrk×dwmj

dwrk 值越小，说明殡葬业越发达，殡仪服务质量也越高；dwmj 值越大，说明单位人服务的面积越大，殡仪服务质量越低；而通过对 zhfw 进行排序，我们可以得出结论：zhfw 值越小，说明殡葬服务能力越强。通过此数值，我们可以综合评估各个区域的殡葬服务能力，判断殡葬业发展的空间。

经过计算，我们得出新疆、宁夏、内蒙古、山西四个地区 dwrk 值非常大，说明殡葬服务能力比较弱。我们将殡葬能力按照 2016 年的数据进行了排序并绘制图表，如图 4-15 所示。

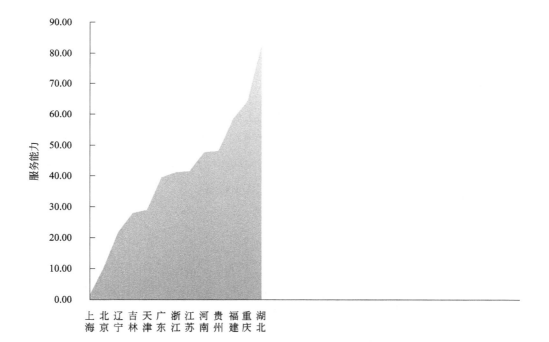

图 4-15 殡葬服务能力排序图

从图 4-15 中可以看出，2016 年，我国殡葬服务能力最强的地区是上海、北京；广东、浙江、江苏三省殡葬服务能力相近，上海与北京的差距为 9.37，而北京与辽宁的差距就增加到了 12。

4.5
殡葬事业单位分析

4.5.1 殡葬事业单位分类

根据《殡葬事业单位管理暂行办法》的分类，我国的殡葬事业单位分为殡仪馆、火葬场、殡葬服务站、骨灰堂和公墓。一般情况下骨灰堂和殡仪馆或者公墓建设在一起。

4.5.2 殡仪馆

殡仪馆是各地区民政部下设的公益性事业单位，设置于城镇中，是专业承办丧葬事宜的机构。殡仪馆下设殡葬咨询室、殡葬业务接洽处和火化车间（火葬场）等部门。殡仪馆为丧家提供接运尸体、提供悼念活动会场、火化、骨灰寄存等多项服务。

4.5.3 公墓

公墓是城乡居民安葬骨灰和遗体的公共设施。公墓分为公益性公墓和经营性公墓。公益性公墓是为农村村民提供遗体或骨灰安葬服务的公共墓地。经营性公墓是为城镇居民骨灰或遗体安葬提供有偿服务的公共墓地，属于第三产业。

4.6
殡葬企业单位发展现状

4.6.1 殡葬企业分类

殡葬企业分类很难进行统一划分，一般涉足殡葬的企业均在殡葬的整个服务流程进行投资建设，但殡葬企业的具体服务单位是以殡葬服务的各个环节自然划分的。殡葬服务分为基本服务和选择性服务。基本服务主要是指遗体接运、冷藏与火化服务，未来还会包括生态葬服务。选择性服务是指其他基本服务以外的所有殡葬服务项目，以各地风俗不同而有所不同，而且随着民俗文化的发展产生不同的变化。当前社会中存在的选择性殡葬服务有遗体防腐整容、人生回忆录制作、遗体沐浴等服务项目，也包括经营性公墓提供的公墓销售等项目。

根据业务的不同我们将殡葬企业分为殡仪服务公司和墓园两大类。现在殡仪服务公司的业务主要涵盖了除火化和墓园外的所有基本业务，大型的殡仪服务公司甚至已经建立了从遗体接运到墓地销售的完整产业链。我国的火化业务在绝大多数省份都是由殡仪馆这一公益性事业单位完成的，但是在少数省份，政策较为灵活，允许私人资本在政府的严格监管下开展火化业务。墓园在我国分为公立墓园和经营性墓园，公立墓园一般为各级地方政府建立的公墓，而私立的经营性墓园作为补充，也为百姓提供安葬服务。现有的各种殡葬企业都是由以上两大类企业转化变形发展出来的，万变不离其宗。

4.6.2 "互联网+殡葬"企业发展现状

（1）彼岸——定制化衍生品和服务（已经关店） 由原德生堂

医药电商 CEO 徐毅和拉手网原公关总监王丹联合创办，彼岸最初设想只做纯线上的网站，提供支付和点评功能，让所有殡葬用品价格透明化。经过实际考察后，发现行业的特殊性决定了必须要开实体店，才能真正了解客户的需求，掌握整个行业的基础数据，从而真正推动行业发展。所以彼岸以"线下连锁＋线上电商"模式经营，2013 年 3 月 10 日，彼岸的第一家店在北京东高地开业，4 月 10 日网站上线。终极客户是 70 后、80 后人群，运营三个月实现收支平衡，成立第二年获得真格基金 150 万天使轮投资。

运营模式："线上引流＋线下体验"的 O2O 模式，与北京各大殡仪馆达成合作，提供标准化、透明化、流程化的专业殡仪服务，已在北京开设 3 家线下连锁店及自营的电商网站平台。

经营特色：店面采用后现代和美式风格的装修特色，经营包含寿衣、骨灰盒、净身穿衣、灵车、火化安排、殡仪馆联系等业务，还提供回忆录、心理干预、生命钻石、太空葬礼、逝者定制 3D 油画打印、定制人物雕塑等一系列个性化定制服务。产品平均销售价格为市场上的 1/3，60％的流量来自线上，线下也不乏介绍过来的用户。

但因为模式太过理想，许多人无法接受，所以导致线上引流效果不佳，最终线下了解的人更少，最终因资金链断裂关店。

（2）一空网——先服务后付费　2014 年 10 月，马雷创办一空网，这是国内殡葬行业首家一站式服务平台，总部位于上海，同年获飞马旅投资。2015 年 3 月 21 日，一空网的内测版本在网上推出，定位为后人生一站式服务平台。针对传统殡葬行业的问题，马雷致力于把一空网打造成满足殡、葬、祭一站式综合服务需求的行业第一门户网站＋流量入口与分发的平台，并且以标准化为切入口，提升行业整体服务水平与效率。

运营模式：B2B2C＋O2O 模式的互联网殡葬平台，与殡葬相关的商品服务在经过一空网认证后，可供消费者在平台上进行选择。而在 O2O 模式中，一空网采用先服务后付费模式，即平台一站式服务明码标价，等线下商家所有的服务完毕后，消费者再付款，不满意的消费者可向平台申诉、索赔。线上服务主要以提供信息为主，借助互联网的优势，通过公开殡葬行业商品和服务的标准化价格来消除信息不对称。线下则是对接用户和商品及服务供应商，通过信息对接或者合作来服务行业内的商家。

经营特色：平台的主要功能包括网上族谱库、捐献器官、网上祭祀、殡葬用品销售、全国墓地在线销售、资源搜索，线下则有入殓师服务、临终关怀与人才培训等内容。此外，还帮助B端殡葬公司进行转型，当商家在平台上与用户交易成功后再收取佣金。

目前行业内主流的做法是通过线上信息展示集聚客户，而后过渡到实体经营。通过收取服务费的方式建立生存渠道，与其他购物平台相类似。

（3）爱佑汇——推出寿险产品，积累保单价值 2015年1月，由创始人陈平创办，是泰康人寿旗下全资子公司，正式上线于2015年7月。已聚合3000家殡葬企业，包括民政部旗下的陵园、殡仪馆和全国300个主要城市的殡葬服务机构和从业者。上线至今，已经有了接近100万人次的服务咨询，先后在北京、上海、广州、成都、武汉等地成立分公司。核心业务为殡葬服务、生前契约和人文纪念。

运营模式：殡葬服务—生前契约—人文纪念相结合，构建以殡葬服务为主导的互联网生态圈。被保险人可获得临终关怀、治丧服务以及殡仪服务（如安抚亲属、联络殡仪馆、筹办追悼会等）。另外，针对不能到场参加葬礼的亲友用户，可以付费观看在线告别仪式。

经营特色：爱佑汇的殡葬服务包括一对一的咨询服务和购墓咨询服务以及生命赞礼；生前契约包括临终关怀、治丧服务和丧亲抚慰；人文纪念包括家族纪念馆、二维码扫墓和在线告别仪式。此外，爱佑汇也在葬礼上用鲜花和气球代替鞭炮和纸钱，并以海葬、陆撒、草坪葬和壁葬（将骨灰盒放在壁式柜中）为主要殡葬形式，减少污染和对土地的占用。

爱佑汇变现模式和一空网其实是相似的，两者都是主要向陵园收费，互联网相关产品才向用户收费。

（4）星星网——生命的传记，记录人生的点点滴滴 星星网获得上千万元的天使轮投资，是全球第一家系统性提出陵园后服务市场概念的领导者，绿色殡葬、科技殡葬实践者，陵园信息化专家。

运营模式：通过绿色殡葬铜制品加以二维码集合，以信息技术改造殡葬行业，通过连接陵园、客户、数据、第三方服务及供应链，提供一套完整的智慧陵园解决方案，协助陵园更好地开拓后服务市场。产品覆盖陵园营销管理、人物传记、智能导航、家谱树生成以及电商等。

经营特色：与陵园合作共赢，共创盈利空间，经营模式更加符合"互联网＋"的特点。

（5）其他"互联网＋"殡葬公司 "彼岸"获得了真格基金徐小平的天使投资，在业内曾经名噪一时。但是，它也逃不过大多数"互联网＋"企业的宿命，在成立4年后"死掉"。

殡葬行业的巨大市场前景让许多像"彼岸"这样的互联网企业持续介入，有不少殡葬企业开始借助互联网做经营，但又很快消失。2014年年初，通过墓地团购切入市场的殡葬电商"恩雪天使"，未上线便获得200万元融资，两年后这家公司停止运营；张文创办了互联网生命礼仪公司"元舟生命"，但也是昙花一现。

仔细分析不难发现，尽管几个公司的模式不尽相同，但切入的都比较浅，主要集中在信息撮合，以及简单的产品销售和服务上面，与其他行业的互联网服务并没有任何区别，忽略了殡葬行业的特殊性。相比传统的服务商，这些互联网公司在信息透明度、价格体系、服务质量上有很大提升，值得期待。同时，他们还没能真正地深入整个殡葬产业链，颠覆这个传统的暴利垄断行业，用互联网技术提升效率，解决用户痛点，推动整个行业健康发展。

"互联网＋殡葬"，如何才能"活"下去，殡葬电商的路该怎么走，这是一个重要的研究内容。价格不透明、赚取暴利早已是殡葬行业"公开的秘密"，北京墓地的售价曾经一度超过房价。不仅是墓地，殡葬业存在着大量灰色地带，中介费就是其中的大头，医院、太平间会抽取大量佣金，而这些佣金会直接转嫁到消费者身上。

互联网的介入已使得行业走向透明化。"彼岸"严格控制价格，"恩华情"在网上明码标价，使得原本"看人下菜碟"的殡葬用品有了参照，用户终于在一轮又一轮"阵亡"的互联网殡葬电商上隐约看到了被规范后的价格体系。虽然"彼岸"阵亡，但它的出现已将传统殡葬业的服务价格以清晰的数字展现出来，完全可以解决价格透明化的问题，甚至还可以和其他多家进行价格对比。

对于殡葬服务的水平，很少有人在这方面具有较多的经验，"互联网＋殡葬"就能够使用户以其他一些用户的点评来作为参照，从而选择更适合的殡葬服务。不仅如此，互联网能够提供平台，将殡葬商家整合到一起，形成服务产业链条，帮助用户解决烦琐复杂的殡葬业流程。

殡葬行业与互联网的融合目前仍处于较为初级的阶段，互联网仅仅被作为简单的平台，互联网思维与经营理念的融合还有较大差距。殡葬行业要做到真正的互联网化，就必须进行一场深度的变革。

首先要能够植入用户内心。普通行业的用户增加比较容易，但互联网殡葬的用户始终是处于零散状态，而且并不具有黏性，基本接受完服务就会切断与企业的连接，具备了与传统行业一样的特点。换句话说，就是并没有体现普通互联网用户的特点，用户一旦购买了产品或者服务，就会持续关注。而且在殡葬行业，当前阶段，用户的需求是放在最末位的。

其次是企业盈利模式的变革。在互联网行业，滴滴、京东、腾讯等企业提供的产品本身是不赚钱的，但是可以通过一些增值服务和O2O的服务来盈利。如果真的是"互联网＋殡葬企业"，那么墓地能不能免费？通过墓地后期的管理和服务以及增加一些互联网化的方式来盈利？

最后是人力资源架构的变革。殡葬行业接受互联网所带来的变革，能够有意愿用较为先进的思维进行企业经营模式的变革，这种思维是非常先进的，但是看它们的管理模式，很多还是和传统的没有任何区别，只是披上了互联网的外衣。殡葬行业是一个特殊的行业，应用互联网技术要融合殡葬的特点，行业才能有发展，有创新。

4.6.3 上市殡葬企业发展现状

不同上市殡葬企业对比见表4-3。

表4-3 不同上市殡葬企业对比表

对比项目	中国生命集团	仁智国际集团	福寿园国际集团	安贤园中国
证券代码	08296.HK	08082.HK	01448.HK	0922.HK
主要业务	大陆第一家在香港成功上市的殡葬专业集团,2009年9月9日在香港上市,集团主要在我国台湾、香港地区及大陆提供殡仪服务。中国生命集团前身——台湾宝山事业于1994年在台湾高雄创立,现已是台湾地区现代化专业殡葬服务企业之一。为加大企业集团化发展及永续经营的集	仁智国际集团有限公司于2001年在香港上市,主要从事中华区的殡仪服务及墓园管理销售。仁智拥有专业团队,为不幸家庭提供服务及支持。仁智目前拥有一家位于香港地区的殡葬服务公司,四个位于大陆的墓园及一个火葬场	2013年12月20日在香港上市。福寿园国际集团是中国最大的殡葬服务提供商,是中国殡葬服务业的领军者和整合者。福寿园国际集团提供专业且个性	安贤园为形成本集团"殡""葬"平衡的产业格局,集团下属杭州好乐天项目的升级改造正加快进行,硬件设施的改造即将完成。围绕"环境精致、服务精心、打造精品"的目标,好乐天将成为集团主营收入的重要来源。集团在全资收购杭州好乐天之后,开始从单一提供"葬"服务为主的公司向"殡、葬"平衡型公司

续表

对比项目	中国生命集团	仁智国际集团	福寿园国际集团	安贤园中国
主要业务	团理念,并为扩大对华人殡葬业服务的推进与文化的提升尽一份企业责任,集团于2004年起组织调研工作小组,经过一年在大陆各大城市进行各项有关殡葬市场、环境设施、商品与文化等的调研工作。最终于2005年正式进入大陆市场,并更名为中国生命集团。历经七年,在集团的努力下,扎根立足于大陆殡葬业,创下令人称道的发展业绩		化的多样服务,满足不同客户群的需求,并通过人文纪念的方式,帮助人们从过往的生命记忆中寻找温情和力量,创造美好、幸福的生活	转型,并尝试向老年产业延伸,并据此提前锁定殡葬主业的客户。 与此同时,该集团为进一步统筹国内殡葬业务发展及管理,高效地扩充其核心业务,加快培养殡葬专业人才,完善集团人才结构,举办安贤园集团"经营管理研修班",并将此举措制度化,使之成为集团培养经营管理人才的摇篮,从根本上解决集团在快速扩张中人才匮乏的矛盾,从而促进集团事业的可持续发展。 该集团将从拓展、理顺、提升、效益四个方面着力:选择拓展项目注重其"质量",已收购项目按照"理顺、提升、效益"的顺序积极推进,以尽早实现新收购项目的预期目标,尽早成为集团新的增长点。对具有良好市场前景及丰富殡葬资源的中小型城市进行积极布局,并携手当地部门开展战略合作,在支持并推动当地殡葬改革的同时,逐步植入安贤园经营理念和管理经验,为集团的收购兼并创造良好的市场环境
下属公司	重庆江南殡仪馆 莲花堂永生会馆 重庆忠县殡仪馆 荣昌永生会馆 此外在越南也有公司	江苏苏州名流陵园 贵州毕节敬信陵园 广东怀集万福山墓园/殡仪馆 北京九公山长城纪念林	公墓:上海福寿园、上海福寿园海港陵园、山东福寿园、河南福寿园、辽宁锦州帽山人文纪念园、合肥大蜀山文化陵园	

续表

对比项目	中国生命集团	仁智国际集团	福寿园国际集团	安贤园中国
下属公司		香港仁智殡仪服务公司	殡仪服务：上海白事天使、合肥人本礼仪、重庆安乐堂、厦门怀祥礼仪 殡葬设备：安徽广德环保火化机 其他：合肥花之间、上海人文纪念博物馆	
其他	2018年3月28日，香港创业板上市公司中国生命（08296.HK）发布了2017年年报，实现营收6070.9万元人民币（以下如无特别标注，货币单位均为人民币），同比增长约5.9%，亏损约1933.4万元，较2016年的亏损额3152万元有所减少	—	—	

就资本市场而言，在中国涉及多家上市公司、新三板企业，其中涉及葬业为主，包括福成股份、福寿园、安贤园中国、仁智国际集团等，福成股份（葬业）、福寿园等毛利率均超过80%。福成股份一半利润来自墓地销售。A股中有福成股份（600965.SH），2017年营收13.6亿元，同比下降0.76%，净利润1.56亿元，同比下降15.26%。福成股份2015年完成了收购河北省三河市灵山宝塔陵园的重大资产重组事项，成为A股唯一一家拥有殡葬业务的公司（灵山宝塔陵园紧邻北京，位于河北省三河市灵山）。

福成股份2017年在殡葬行业（墓位销售、管理等）的收入为2.27亿元，同比增长15.20%，营业成本3003万元，同比增长0.46%，毛利率86.78%。福成股份也表示，该行业毛利率较高，贡献了公司一半以上的利润。港股中除中国生命外，还有福寿园（01448.HK）、安贤园中国（0922.HK），以及已经退市的富贵生命（1438.HK）。

福寿园为内地殡葬股龙头，2017年收入14.77亿元，同比增长

16.5%;溢利 4.17 亿元,同比增长 23.1%。公告显示,2017 年的收入中,以墓地服务为主,达到 13 亿元,较 2016 年的 11.118 亿元,增长 16.93%,另外,殡葬服务 1.5785 亿元,较 2016 年的 1.4229 亿元,增长 10.94%。福寿园 2017 年的整体毛利率为 80.2%。按照地区来看,重庆排名第五,收入为 7056.3 万元,同比下降 15.18%。

4.7 小结

本部分从"互联网+殡葬服务"行业政策背景分析开始,综合分析经济环境、技术背景以及我国殡葬业发展现状,并对殡葬事业单位以及企业单位分别进行分析。由统计数据我们可以看出,我国公墓数量在 2010 年左右达到最大峰值,后一直处于减少状态;殡仪馆大部分作为事业单位,工作人数并没有增加,即使是殡葬企业参与殡葬服务,大部分地区的殡葬服务水平发展还是非常缓慢。

5 影响殡葬业发展的因素及互联网对殡葬业的影响

中华人民共和国成立后，我国殡葬事业的发展大致可分为五个阶段。

1949—1956年为传统殡葬阶段：各地民政部门接收旧社会遗留下来的公墓，采取传统管理方式。

1956—1966年为倡导火葬场阶段：自1956年老一辈无产阶级革命家实行火葬倡导以后，全国大中城市、小城市，甚至县城先后建起了火葬场。1966年底达87家。

1966—1976年为超常发展阶段：这一时期火葬场、殡仪馆超常规发展，数量倍增，现有的殡仪馆中的绝大多数都是在这个时期建立起来的。

1978—2012年为新的发展阶段：十一届三中全会作出实行改革开放的决策，殡葬事业走上一个新的发展阶段。国家制定和颁布了一系列有关殡葬事业发展的政策法规。殡葬业经历了从逐渐繁荣到基本殡葬服务公益化的阶段。殡葬业服务开始多样化，基本殡葬服务开始公益化，选择性殡葬服务市场化。

2012年以后为生态环保阶段：以推广生态节地葬为主，缩减公墓面积，加强环保建设。

但无论哪种变化，我国殡葬业务中都有着浓重的政策色彩。考虑殡葬业发展变化的影响因素的时候，最为重要的一点是政策的影响。殡葬业有其自身的供给需求曲线，殡业中的殡仪服务产品可以看作是公共产品。作为特殊的政策供给，其有固定的刚性，弹性几乎为零，因此，无论在哪种需求量上，价格的变动几乎不会引起需求量的变动。供给曲线弹性则几乎为无穷大，因为殡业的主要定价在于火化政策的推行，而火化作为基本殡葬服务是由政府给予定价的，是固定一个价格的。所以，在当前政策形势下，供给可以是无限的，如图5-1所示。

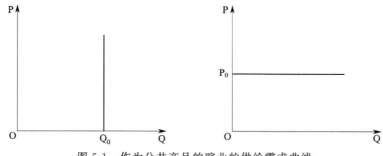

图5-1 作为公共产品的殡业的供给需求曲线

葬业与殡业有着不同的供给需求曲线。葬业主要有两种业务：一种是公墓业务，一种是骨灰安放业务。这两种业务都有自己的特殊性。公墓业务由于近几年国家政策的收紧，目前公墓的供给变动随着价格的变化变动很小，而骨灰安放业务，尤其是绿色殡葬形式的骨灰安放业务，由于利润很小，即使政策鼓励推行，现有的公墓也不会增加供给。因此可以画出如图5-2的供给需求曲线。即使价格再高，由于有入土为安的入土习俗，葬业中公墓的需求也不会发生大的需求量变动。绿色殡葬形式，比如树葬、花葬、草坪葬等形式，其本身处于一个比较低的价位，即使再降低价格，但由于观念的接受程度有一个过程，需求量同样不会发生大的改变，如图5-2所示。

殡葬业整体技术进步比较缓慢，而且用于表达哀思、祭奠等殡葬用品的技术进步含量值几乎是不变且保持在一个低水平状态，变化的只是投入的人力和时间问题。因此，即使提高价格，选择性殡仪服务产品的供给也不会发生大的变化；而选择性殡仪服务的需求，若价格在习俗认可范围之内发生大的变动，选择量将会出现一个比较大的增长。其供给需求曲线如图5-3所示。

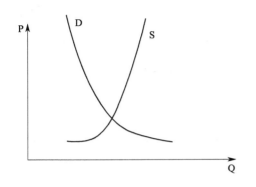

图 5-2 葬业供给需求曲线

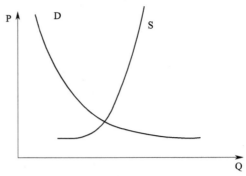

图 5-3 选择性殡葬用品及服务的供给需求曲线

5.1
殡葬业发展的内部影响因素

殡葬业的发展受其内部各种因素的影响，因素主要有以下几方面。

(1) 单位数和从业人员数量 单位数的增多与从业人员数量增多，意味着供给曲线的向右移动，殡葬业发展规模提升。

(2) 从业人员的受教育程度 殡葬业从业人员受教育程度直接决定了殡葬业的发展质量，质量的提升意味着供给曲线右移，而质量的降低会使得需求曲线向左移动。

(3) 资本的投入量 殡葬业资本投入量决定了殡葬业的投入。在殡业的供给曲线缓慢变化的情况下，最直接的一个反映就是葬业的投入增大，供给曲线向右移动。虽然国家政策对葬业现在有严格的价格、面积、周期等管控，但资本仍然进入葬业。多家集团进军殡葬业，以葬业为主，并且有一部分经营性公墓已经成功在香港或 A 股上市。在他们的报告中，陵园业务是主要的业绩增长点。

5.1.1 政策

殡葬活动是一项古老又久远的活动,但我国的殡葬事务从开始就不是一项纯粹的殡葬活动,它在不同阶段有不同的使命。梳理过去70年的殡葬政策文件,可以看到推行火葬是我国一直以来政策文件制定的原则,但很少看到连续性的政策设计,更多的是其承载不同时期出现问题的阶段性制度安排。正是这些阶段性的制度安排推动了殡葬事业的发展,引导了殡葬事业的发展进程。近几年颁布的殡葬法规及政策有多项,除了2012年修订了《殡葬管理条例》以外,其他均集中在公墓、骨灰寄存等设施的价格及要求管理上。从所颁布的政策来看,每一次政策的颁布与实施仿佛都会影响居民对于殡葬消费的需求。从1949年至1977年,在计划经济体制内殡葬业承担着移风易俗、改革思想的政治任务。与此相配合,当时的殡葬发展政策主要是关于简化丧葬习俗、推行火葬的内容。改革开放初期,为了配合推行火葬的殡葬改革,主要政策集中在对于火化设施设备的配备上,但也开始提到了经费自给的问题。这可以从国务院批转的民政部《关于进一步加强殡葬改革工作的报告》中看到。进入20世纪90年代后,我国市场经济体系逐渐形成,殡葬业的政策环境也逐步宽松,民政部就殡葬事业单位的经营管理下发了一系列文件,同时,公墓市场的兴起以及兴建大墓等陋俗的重新抬头,促使民政部下发《关于加强公墓管理的报告》的通知(1988)来规范公墓的建设与经营。到21世纪,伴随着政府职能转变,《民政部关于全面推行惠民殡葬政策的指导意见》(2012)以及《关于进一步推动殡葬改革促进殡葬事业发展的指导意见》(2018)文件的颁布,标志着殡葬行政管理也逐步走向公共服务和宏观调控。整个殡葬政策的演化过程,是从行致命令到基本服务保障聚焦的过程,也是其他殡葬资源配置逐步市场化的过程,从中华人民共和国成立之初到目前出台的殡葬相关法律法规、行政规章等政策文件中,可以看出大部分聚焦于现实中具体的殡葬问题,如价格过高、违法建设经营性公墓等。因为对具体问题的高度聚焦,所以对于现实中其他问题的出现经常是处于模糊地带,在一定程度上往往对已经形成的殡葬业中市场的部分产生巨大的冲击效果。但就现实来讲,推行火葬后,社会习俗并没有发生大的变化,而居民对于殡葬服务的需求曲线也几乎没有变化。

5.1.2 殡业的供给与需求

中国自古就有"白事"的传统文化。殡业产业各个环节的生产要素一直都存在,只不过由于从事殡葬服务的个体工商户各自经营着高毛利率的生意,尚未进入生产要素集中阶段,产业在但"链"不成型,所以目前尚无公司真正做到上下游基本整合。我国的殡仪服务供应量充足但质量极不均衡,并未形成地区或者全国的行业标准。

我国人口结构老龄化日益严重。根据中国老龄委预测,未来我国老龄化人口将以 3.28% 的年均增速增长,最终在 2050 年左右到达峰值 4.3 亿,占全国总人口的 35%。之后我国老年人口规模将稳定在 3 亿~4 亿, 80 岁及以上高龄老人占老年总人口的比重将保持在 25%~30%。就目前中国的人口情况来看,殡业的用户供应充足,需求层次也因贫富差异而导致需求的多样性。

5.1.3 葬业的供给与需求

一个地区的入墓率与当地的经济发展水平、殡葬习俗及民族构成等因素密切相关。根据中国民政统计年鉴的数据,自 2010 年起上海、北京地区的入墓率均在 25% 以上,天津、浙江、江苏、安徽、湖北等入墓率在 13% 左右。部分地区受地理环境及民族构成因素的影响(如云南、广西、青海、西藏等地),则入墓率很低。另外,还有部分地区在殡葬改革上力度相对宽松,当地的地理条件使人们能够私下处置遗体或者骨灰。在这样的地区,经营性公墓建设即使很完备，但由于不高的入墓率，在墓穴售卖上利润很低，甚至有亏损现象。我国墓地的供应量与地域、人口、当地的土地政策、国家的殡葬政策都有关系。北京、天津等经济发达地区的土地供应紧张，土地供应量少，墓位相对紧张。国家倡导生态节地葬，缓解了一部分需求压力。个别墓地经营公司为了拓展和丰富经营属性，结合生态旅游、生命教育、寺庙宗教等相关资源，拓展服务类别，提升服务品质。

随着人口老龄化加剧，死亡人口逐年递增，我国对于墓穴的需求量将持续增长。图5-4说明了入墓率呈现增长趋势。1990年后我国人口死亡率稳定在6.5‰左右，但是自2006年后该指标快速上升到2014年的7.16‰；2014年后一直稳定在7.11‰左右。预计2025—2045年，我国年死亡人口将突破2000万人，对于陵园墓地的需求量将大大增加。

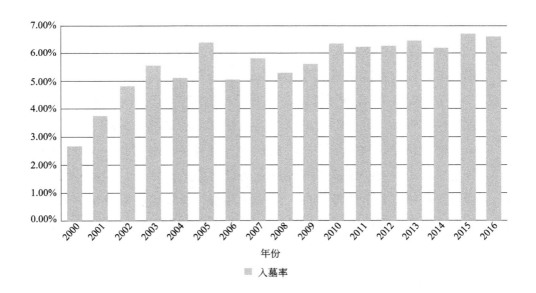

图5-4　2010—2016年全国入墓率

5.2 殡葬业发展的外部影响因素

5.2.1 经济发展

受统治阶级及传统习俗的影响，厚葬自古以来都是占据主流地位。随着中国经济的发展，人们越来越重视亲人去世后的殡葬事宜。经济的增长使得人们对殡葬服务的需求越来越广泛，越来越个性化。市场中的殡葬业因维持着比较低的水平而不断受人诟病。信息不对称、产品服务质量低下以及价格居高不下等屡屡被人提及。经济发展不仅提升了大众的需求，更使得丧葬活动的服务提供者需要随着经济发展而不断适应变化。

从图5-5中可以看出我国2009—2018年这10年的国内生产总值是一直走高的，但是增长率一直在下降，这说明我国的宏观经济形势并不乐观。在这种情况下，根据图5-5、图5-6、图5-7中显示，第三产业占据了47.2%的GDP贡献率。殡葬业作为第三产业中的一员，虽然需求弹性非常小，但仍然会受到宏观经济环境的影响。从近十年的居民收支情况来看，城镇居民的可支配收入出现了大幅增长，这是随着经济增长而实现的。经济的增长也会促进殡葬业的增长，殡葬业会增加投资及新的服务项目等内容，葬业及其他选择性殡仪服务的供给曲线会向右移动；而居民可支配收入的增长也会间接促进上述图5-1、图5-2、图5-3中所示的三条需求曲线同样向右移动。

5.2.2 人口环境

人口环境涉及人口结构及死亡人口数。从图5-8中我们可以看出，城镇居民数量急剧增多，农村居民数量急剧减少，而对传统殡仪服务需求比较大的还是集中在农村居民群体。农村居民群体人口数量

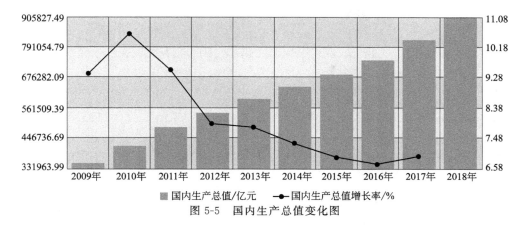

图 5-5 国内生产总值变化图

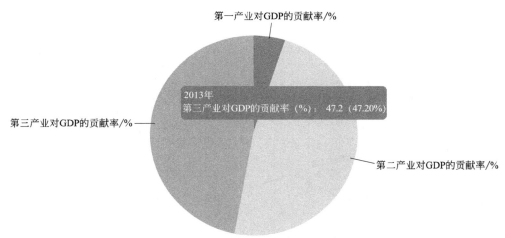

图 5-6 三次产业对经济的贡献率

的减少，不仅会减少部分殡仪服务需求，也会在一定程度上缓解农村殡葬改革中的矛盾。而城镇居民数量的增多则会直接增加城镇殡仪服务需求，结果就是上述图 5-1、图 5-2、图 5-3 中所示的三条需求曲线同时向右移动。从 2009—2030 年中国死亡人口走势预测图（图 5-9）来看，老龄化社会最直接的后果就是死亡人口的逐年增多。若不考虑其他因素，单纯死亡人口的增多，同样会使得上述图 5-1、图 5-2、图 5-3 中所示的三条需求曲线向右移动。

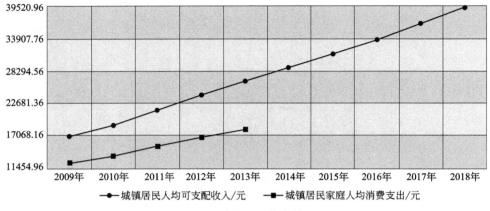

图 5-7　城镇居民收支情况

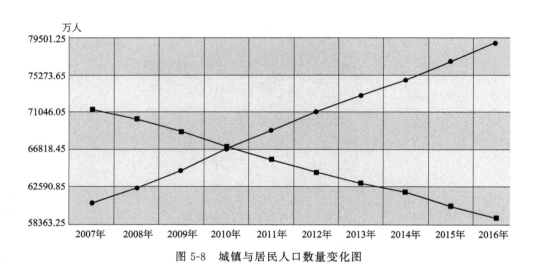

图 5-8　城镇与居民人口数量变化图

5.2.3　宏观政策

近几年颁布的有关殡葬的法规及政策有多项，除了 2012 年新修订了《殡葬管理条例》以外，其他内容集中在公墓、骨灰寄存等设施的价格及要求管理上。从所颁布的政策来看，每一次政策的颁布与实施都会影响居民对殡葬消费的需求，但就现实来讲，推行火葬后，社会习俗并没有发生大的变化，而居民对殡葬服务的需求曲线也几乎没有变化。

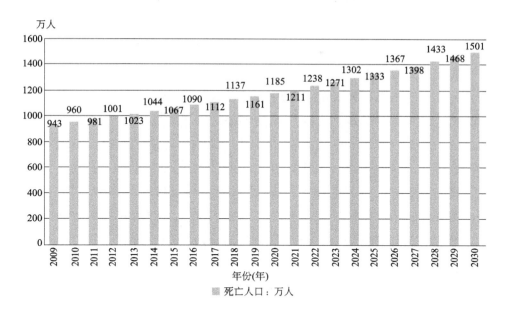

图 5-9 2009—2030 年中国死亡人口走势预测图

5.2.4 社会文化

民俗学中的遗产理论指出，文化创新的产生一个周期一般要经历三个阶段：第一个阶段是文化创新阶段；第二个阶段是进入社会潜意识阶段；第三个阶段是成为文化遗产阶段。处于文化创新阶段的创新文化，社会接受程度有限，只有当文化创新进入社会潜意识阶段，文化创新才为社会所接受。从这个角度来看，对于殡葬文化的集体潜意识的力量非常强大，即使有政策规制，但只要新的殡葬文化处于创新阶段，殡葬业就会沿着原来的途径发展。只有等到进入社会潜意识阶段，新的殡葬方式才会真正为大众所接受。处于文化遗产阶段的文化，如果再次被提起，就进入了文化复兴阶段，可以认为是新的周期的开始。因此，殡葬业发展的反复是直接受控于大众的文化自觉。

5.2.5 道德水平

如果一个社会处在道德水平比较高的状态下，殡葬作为承载精神需求最为重要的一个环节，由于其他环节已经得到充分满足，需求反而会向左移动；如果处在道德水平比较低的状态下，人类则无法从现实环境中得到满足，丧葬仪式的各个环节就成了释放与承载精神压力的一个途径，这会促使殡仪服务需求曲线向右移动。我们可以观察到社会中的一种现象，在抚养老年人的花费中，对老年人的花费投入越高，在老年人身故后投入将会越少，也就是说殡葬业发展将会减缓；而抚养老年人花费投入越少，在老年人身故后的消费投入将会越多，也就是说殡葬业处于一个比较繁荣的发展阶段。殡葬业并不是引起社会矛盾或者外部经济情况的行业，它反映了社会道德的真实水平。

5.2.6 环境保护

在新时代，环境保护已经上升到非常高的高度，已经得到了中央的高度重视。传统的殡葬礼仪活动和遗体火化都会造成一定程度的环境污染，陵园等安葬设施会占用大量土地。遗体处理不当会产生废水、废气，还存在着生化方面的风险。近年来民政部相继出台了多项政策来规范殡葬行业的环境污染治理问题，倡导生态节地葬，部分地区尝试建立信息化检测系统对殡葬单位废水废气的处理进行实时监测，并建立监测网络。

5.3 互联网对殡葬业的影响

信息技术的发展，特别是互联网技术的发展，不断改变着人们的生产和生活方式。"互联网+"这一概念正是基于云计算、物联网和大数据等新一代信息技术的发展和应用而提出来的。云计算技术将大量的服务器或者 PC 终端通过集群方式,组合成一个巨大的计算服务"云",并通过虚拟化技术隐藏"云"的内部实现细节,为"云"的接入用户提供各种所需的计算服务。云计算使计算能力可以作为一种商品流通。以网络为传输介质,取用方便,价格低廉,这为不具有自行构建大量计算能力的中小企业利用云计算获取计算能力进行应用开发提供了发展机遇。物联网将网络的互联从 PC、手机等一般的终端设备,扩展到任何想要互联的物体上,借助先进的智能感知、识别和通信技术,构成了人与物、物与物的信息互联网络,实现了对各类物体设备的远程管理、智能控制,极大地方便了生产和生活,同时产生了可以应用于大数据研究的海量的非直接关联数据。

大数据是利用数据存储、数据挖掘、关联分析技术等数据处理技术,通过对海量数据的处理、分析,从中筛选、发现有用信息的技术。大数据技术可以帮助企业发现用户数据中隐藏的非直接的逻辑关系,从而帮助企业做出更加科学的决策。殡葬用户群体庞大,信息技术密集、数据密集的特点,特别适合云计算、物联网和大数据等新一代互联网技术的应用。相关企业应当抓住技术发展带来的发展机遇,利用新技术实现商业模式的创新。

技术是把双刃剑。随着技术的发展,随之而来的还有安全的挑战。企业的高度网络化、中心化,使得企业更加容易受到病毒、木马等恶意程序的破坏。越加频发的黑客网络攻击,也带来了对保护数据安全和保障业务连续性的巨大挑战。可以说,技术风险已经成为除大规模灾难之外唯一可以导致企业业务瞬间全部瘫痪的重要风险,给企业的经营管理带来了新的复杂性和高额的成本,也为企业的发展带来了诸多不确定性,因此企业在应用新技术前应当进行充分的分析和比较后再做出决策。

我国的大部分领域被互联网影响而改变。殡葬行业由于其特殊性，对互联网的接纳程度和应用较为缓慢。

互联网一方面改变了殡葬业传统的销售模式。企业运用网络开展了互联网线上营销，包括全国墓地销售、殡葬用品销售、网上祭祀等。线上服务主要经营信息服务借助网络平台使殡葬行业商品和服务的价格透明化。线上服务与线下服务相配合，线下对接用户和商品及服务供应商，通过信息对接或者合作来服务行业内的商家。目前已经有一些企业在进行相关的探索并取得了一定的成果，同时也在不断地拓展网络产品，研发了网上族谱库、捐献器官、网上祭祀、殡葬用品销售、全国墓地在线销售、资源搜索等多种功能。同时研发了手机APP，在移动应用市场方便客户和商家随时随地进行业务交流，并方便地与相关企业进行直接沟通。线下则有入殓师服务、临终关怀、保险售卖与人才培训等。

另一方面，目前如火如荼进行的互联网金融创新为众多准备创业和扩大经营的个人及中小企业提供了方便高效的融资平台，也给准备向殡葬业投资的传统金融资本提供了寻找投资目标的平台。

5.4

殡葬业发展的内在需求

殡葬业作为从古至今一直存在的一个行业，其本身发展有内在的社会需求。

综合殡葬业总体的发展结构变化及影响因素，我们可以得到以下结论。

(1) 殡葬业有其自身的发展规律 通过对殡葬业结构的变化分析，发现殡葬业有其自身的发展规律。殡业发展相当缓慢而稳定，这与殡葬改革的政策推行有一定的关系。葬业提供的产品，主要用来推动殡葬改革，而对于群众的精神需求，在其中并没有得到很好的体现。葬业自2000年以后飞速发展，虽然与殡葬企业经营者追逐利润直接相关，但也与入土为安的传统文化习俗相关。除此之外，在殡业中被被动压缩的消费者服务需求，都会直接释放在葬业这个环节。

（2）**殡葬业受外部的政策与内部的习俗矛盾统一的影响**　殡葬业发展受多个外部因素和内部因素的影响。即使是在发达国家，由于文化的稳定性，殡葬业都不是一个活跃的行业。因此，影响殡葬业发展的因素，除了政策的推行以外，最主要的影响因素是社会的文化与习俗。政策的推行可以确保一个时间段内得到效果，但从一个较长的时间段来看，社会文化意识将直接控制人的殡葬行为。除了传统的文化习俗之外，城镇化的加速、互联网文化的发展也将形成新的社会文化意识。只有对这些进行把握，才能对一个区域的殡葬业发展有切实的指导意义。

（3）**殡葬业是政府高度管控的行业**　殡葬业目前仍处于政府高度管控的状态，承担着殡葬改革的使命。殡葬前置审批权的下放使得殡葬市场产生了很多乱象，直接促使与当前政策不相符的一些殡葬文化进入复兴阶段。也正因此，殡葬业现在又进入了一个新的强制管控阶段。但是，高度管控并不是解决当前殡葬乱象的唯一途径。只有找到殡葬改革政策与百姓需求的均衡点，找到殡葬单位的社会公益与企业利润的均衡点，殡葬业才能持续稳定发展。

（4）**殡葬业中的乱象是社会发展到一定程度其他矛盾的展现**　殡葬业的发展并不是随着殡葬改革的推行发展起来的，而是一直存在的。随着时代变化，政府针对殡葬业的外部性问题提出了殡葬改革的目标。而当前殡葬业的矛盾并不是单纯的政策与民俗、民俗与环境、环境与生存之间的矛盾，更多的是社会发展到一定程度，社会中其他矛盾的一种展现。

（5）**殡葬业中的产品性质决定了供给和需求**　公共产品的需求，由于政策的强制性是刚性的，供给几乎也是无限的；市场化的葬业的需求，由于传统的文化习俗而不会发生大的变化；作为选择性的殡葬服务产品则有较大的需求变动。

6 互联网时代背景下殡葬业发展机理分析

6.1 殡葬业发展与经济发展的关系

经济增长水平对殡葬业收入水平的制约性是由社会资源的稀缺性造成的。经济增长，可支配收入水平一般会随之提高，那么对生命质量的要求越高，越可能在殡葬活动中的投入较多，由此带来殡葬业消费提升，收入水平增长。同时，殡葬业收入水平提升之后，也能提高劳动者素质。因此可以说，殡葬业收入增长效应主要来源于两个方面。一方面是其准公共物品的特性直接带来正的外部性；另一方面，经济增长会带动殡葬业收入水平提升，劳动者素质提高，进而提高社会死亡幸福度。

6.2 殡葬业发展收入水平的外部性效应

在殡葬服务的各个环节中，遗体火化服务属于纯公共物品，基本的接运与冷藏也是纯公共物品，未来的基本生态葬也有可能逐步纳入纯公共物品的范畴之内。殡葬服务中的其他环节包含的公共物品成分较少，也有越来越多的私营机构参与产品的开发和服务中。因此，对于属于公共物品的殡葬服务项目，由于其非竞争性和非排他性的存在，政府必须承担主要的投入责任进行提供，而对于一般的殡仪服务等私人产品的生产和分配就应更多地通过市场机制加以调节。

殡葬业收入水平主要因其有自身的正外部性与负外部性：一方面正外部性体现在殡葬业收入水平提高，意味着提供了更多选择性殡仪服务产品，更多地满足了社会的精神需求，直接提升社会的幸福度；另一方面，负外部性主要体现在收入水平的提高，意味着价格的垄断、对土地资源的浪费等。

6.3 殡葬业收入水平模型的建立

根据对殡葬业收入的现有认知，以及政府对殡葬业固定资产投入的影响及其他因素分析，要了解殡葬业发展规律中殡葬业收入的变化情况，必须在理论分析的基础上利用现有的数据进行实证分析。殡葬业固定资产的投入可以有效提升我国殡葬业技术水平，从而提高劳动效率。此外，当前政府严格规制及人口老龄化的大环境下，殡葬业发展会有什么样的规律。基于这个疑问，做了如下假设。

假设一：用殡葬业收入水平代表殡葬业的经济效益。殡葬业效益可以分为社会效益与经济效益，这里主要讨论经济效益。考虑到殡葬业有比较大的比重是政府固定资产投资，这里不去计算殡葬企事业单位的会计利润或者是经济学利润，而直接用收入水平来代表殡葬业的经济效益。

假设二：殡葬业的经济效益的提升代表殡葬业发展的方向为负。

一般殡葬业的经济效益的提升意味着殡葬业发展良好。根据前文分析，殡葬业发展越好，意味着社会道德水平越低下，因此，假设殡葬业的经济效益为低水平状态，代表殡葬业发展方向为正。

假设三：殡葬业生产效率不变。殡葬业是古老的行业，即使在资本大量涌入的现代，殡葬业的技术水平与十年前甚至二十年前相差不大，因此，在这里假设殡葬业生产效率保持不变，技术进步为常数。

假设四：我国殡葬政策力推火葬，中华人民共和国成立以来主要的殡葬政策一直没有发生变化，因此我们假设殡葬政策的影响一直存在并且是不变的。

也就是说，在考虑固定资产的情况下，我们采用殡葬业收入水平代表殡葬业的经济效益，而不考虑殡葬业中具体单位的亏损情况。殡葬业经济效益提升，说明社会中对殡葬消费的投入开始提升，这代表着厚葬开始盛行，不符合殡葬业发展方向。但统计数据中，仅仅统计了殡葬的实际花费，并未将习俗中的宴请、人情往来、传统习俗的花费计算在内。对于以上假设的设定，不仅有利于模型的建立，也有利于更好地描述殡葬业，也有助于对我国殡葬业发展提出一些有价值的思路。因为殡葬业发展较晚，开始的时候也比较原始，部分数据并不全面，故研究数据选取2000年以来的记录。时间序列的数据一般是不平稳变量，若进行简单的回归，可能会导致"伪回归"现象的存在；若进行简单差分，又会损失长期信息。因而，本章采取协整检验的方法，其基本思路是：如果两个或者两个以上的时间序列是非平稳的，但它们的每种线性组合是平稳的，则这两个变量之间存在长期的均衡关系（协整关系）。

6.3.1 变量指标选取

殡葬业收入水平有很多影响因素，前文中提到的外部与内部环境中的各项元素都可能影响殡葬业发展，进而影响殡葬业收入水平。这里我们选取相关性比较大的几个指标：可能影响殡葬业收入的因素有个人收入水平、处理遗体的数量、社会道德、固定资产、从业人数、从业人员学历、老年人口比例等因素。

个人收入水平，尤其是可支配收入水平比较高的情况下，更倾向于在殡葬方面的花费增加，但在农村地区，由于习俗的作用，即使比较贫困的家庭，依然可能在殡葬方面花费巨大。社会道德水平也是衡量殡葬业收入的一个重要因素，一般来说，社会道德水平如果下滑，那么普通家庭对老年人的待遇就会降低，在其身故后更可能投入较多的殡葬花费以满足自己孝顺心理。社会道德水平如果提高，老年人生前被投入的花费较多，身故后可能投入的殡葬花费更趋向于一般水平，这种情况一般不会大操大办丧事来展示孝顺之心。殡葬业的固定投资，不仅包括政府投资，更包括企业固定投资，严格意义来讲，土地资源也应算在固定投资之内。政府投资更倾向于殡仪馆等基本殡葬服务，而企业固定投资更倾向于公墓等设施建设。殡葬业从业人数也直接影响着殡葬业收入水平，从业人数如果过少，提供的殡仪服务质量和数量都会减少；而从业人数过多，可以在充分竞争的前提下提供更加多样化的服务。但在殡葬业中，有一个最显著的特点，就是葬业中的从业人员是流动的，殡业中的从业人员几乎长期不变（只有最近几年，大批人员到达退休年龄，才有一批人员新入职。而新进人员入职后，又会出现一段时间人员非常稳定的状况）。从业人员的学历是缓慢提升的，但与其他行业相比较而言，殡葬行业从业人员学历处于较低水平。老年人口逐渐增多的情况下，尤其是老龄化社会的加剧，即使有好的医疗条件，死亡人口的增多还是会促使殡葬业发展。社会道德如果提升，殡葬业收入可能不会发生大的变化；社会道德下滑，丧葬花费有可能超出个人的一般消费水平。

因此，我们选取特征变量和控制变量两组变量作为解释变量。解释变量的定义与赋值情况具体如下。

(1) 特征变量 某个地区的殡葬机构数、从业人员数、教育水平、处理遗体数量都是可以直接从民政统计年鉴中得到的。

(2) 控制变量 为了保证模型验证的严谨性和估计结果的稳健

性，除了选取能够描述殡葬业发展特征的变量之外，考虑到其他影响殡葬业发展的经济、文化等对不同地区的差异影响，增加了控制变量。模型中增加社会道德水平、居民消费水平、65 岁以上老年人口数量。

(3) 门槛变量 此处采用控制变量中的居民消费水平作为门槛变量，从殡葬业发展过程中可以发现无论经济增长与否，殡葬业花费都不曾发生大的变化，这在一定程度上说明殡葬业收入水平与居民消费水平所代表的经济增长之间的关系可能是非线性的。殡葬业收入与经济发展之间存在一定的区间效应。对这一问题的研究，如果从殡葬发展的历史脉络来看，我们认为划分殡葬业发展阶段的不同，可能会造成一定的偏误。基于此，本文选取居民消费水平作为门槛变量，研究殡葬业收入水平与消费提升之间是否会随着殡葬业发展不同阶段表现出不同的关系，即是否存在区间效应。

综上，用于实证检验的计量经济模型各变量定义与赋值情况，具体如表 6-1 所示。

表 6-1 变量的类型、定义与赋值

变量类型	变量名称及代码	变量定义及赋值
被解释变量	殡葬业收入水平(SR)	采用单纯营业收入数据
解释变量	殡葬机构个数(BZ)	
	从业人员数(RY)	
	专科以上人数(ZK)	
	处理遗体数(YT)	
	65 岁以上老年人口数(LR)	
	火化炉台数(HHL)	
	企业固定资产数(QYGD)	
	事业固定资产数(SYGD)	
控制变量	社会道德水平(FYB)	采用老年抚养比赋值
门槛变量	社会经济水平(XF)	采用居民消费水平数据

6.3.2 模型设定和分析

我们借助初始的柯布-道格拉斯生产函数对模型进行设定，设初始的柯布-道格拉斯生产函数为 Y、K、L。Y、K 和 L 分别代表总产出、资本投入和劳动力投入。α、β 分别代表资本要素和劳动力要素的产出弹性。系数 A 表示效率参数，即除了劳动力和资本投入要素之外，其余因素所产生的对经济增长的作用，包括制度差异、地区资源优势和跨时间的影响及其他那些不可度量的因素的影响。考虑到殡葬行业的技术进步非常缓慢，我们假设殡葬业的生产效率是不变的，将 A 设为常数。用上文分析的各项解释变量扩展整个生产函数并采用对数形式，结合门槛回归模型，可以得到如下模型：

$$LnY_{it} = LnA + \sum_{i=0}^{8} \beta_i LnX_{it} + \theta' Lnx f_{it}\, \varepsilon_{it}, q_{it} \leqslant \gamma \quad (1)$$

$$LnY_{it} = LnA + \sum_{i=0}^{8} \beta_i LnX_{it} + \theta' Lnx f_{it}\, \varepsilon_{it}, q_{it} \geqslant \gamma \quad (2)$$

模型中 Y 为殡葬业整体收入水平，X 为影响 Y 的除了门槛变量之外所有因素，为误差项服从独立同分布。其中（$i=0\sim9$）是殡葬业机构数、从业人数等指标。由生产函数理论，上式揭示了不同主体的殡葬行业投入与殡葬业总体收入水平的关系，并将这种关系用弹性系数来表示。代入各个具体变量，我们可以得到如下模型：

$$\begin{aligned}LnIN_{it} = &LnA + \beta_0 LnBZ_{it} + \beta_1 LnRY_{it} + \beta_2 LnZK_{it} + \beta_3 LnYT_{it} \\&+ \beta_4 LnLR_{it} + \beta_5 LnFY_{it} + \beta_6 LnHHL_{it} + \beta_7 LnQYGD_{it} \\&+ \beta_8 LnSYGD_{it} + \theta' LnXF_{it}^* I(q_{it} \leqslant \gamma) + \theta' LnXF_{it}^* \\&I(q_{it} \geqslant \gamma) + \varepsilon_{it}\end{aligned} \quad (3)$$

6.3.3 数据选择

样本数据主要来自《中国统计年鉴》《中国民政统计年鉴》，其他相关年鉴为补充。本文构造了一个 2006—2016 年的全国各省域面板数据表,由于西藏的丧葬习俗有其自身的特殊性,因此此处不作讨论。由于2006年以前数据并不完善,故样本区间选取了2006—2016年,在此基础上使用统计软件Stata进行数据分析。

在具体分析的过程中,对于处理时间序列的面板数据而言,如果时间序列是非平稳的,直接进行回归分析将会导致伪回归现象的出现,也有可能会因此得出错误的结论。而如果进行简单的差分交换后进行估计,又将会导致长期信息的损失。为了解决上述问题,本文在用Stata进行分析时,在采取门槛回归计算之前,首先对样本数据进行面板单位根检验,以检验其平稳性。在此将社会经济发展用居民消费水平来代替设为门槛,来对我国殡葬业收入水平进行实证分析。

6.3.4 实证分析

首先,将数据进行对数处理,将处理过的各解释变量进行描述性统计并进行平稳性检验。经检验,样本数据各变量是平稳的。

6.3.4.1 对数据描述性统计

从表6-2中变量的描述统计值可以看出,我国殡葬业发展中涉及的各个指标最高值与最低值差距较大,这既反映出我国殡葬业发展的速度,又反映出我国殡葬业发展的时空不均衡特性。从时空角度来看,是非线性的。

表6-2 变量的统计性描述

Variable	Mean	Std. Dev.	Min	Max	rvations
SR	57606.65	73114.44	426	481552.4	330
BZ	135.3879	78.02031	14	405	330
RY	2571.785	1652.396	129	7685	330
ZK	899.0727	981.4142	21	15058	330
YT	15.43636	14.90537	0	63	330
LR	9473.145	23500.29	288	178471	330

续表

Variable	Mean	Std. Dev.	Min	Max	rvations
XF	13353.95	8077.173	3797	49617	330
HHL	12.86318	2.484823	7.4	20	330
QYGD	179.0606	135.1311	2	543	330
SYGD	22779.13	37382.39	87	257792.3	330
FYB	50312.37	51473.68	450.2	327962.5	330

6.3.4.2 分析数据平稳性

在进行门槛回归之前，首先对样本数据进行面板单位根检验，以检验其平稳性。通常可采用两种类型的方法对面板数据进行单位根检验，一种类型为相同根情形下的单位根检验，主要有 LLC 检验（Levin，Lin&Chut）、Hadri 检验和 Breitung 检验（Breitungt-stat）等；另一种类型是不同情形下的单位根检验，主要有 Im.Pesaran.Shin 检验（Im, Pesaran and Shin W-stat）、Fisher-PP（PP-Fisher Chi-square）检验和 Fisher-ADF 检验（ADF-Fisher Chi-square）等。本文对数据主要进行了 LLC 检验和 PP 检验。从检验结果（表 6-3）显示，所选时间序列数据是平稳的。

表 6-3 解释变量平稳性检验

变量	LLC 检验		PP 检验	
	Statistic	Prob	Statistic	Prob
SR	−2.77357	0.0028	167.507	0.0000
BZ	−1.04240	0.0000	81.9829	0.0452
RY	−1.77580	0.0379	90.9572	0.0061
ZK	−5.31676	0.0000	104.524	0.0003
YT	−17.4306	0.0000	69.4479	0.0357
LR	−16.4931	0.0001	150.133	0.0000
XF	−6.40787	0.0000	205.793	0.0000
HHL	−1.19363	0.0163	100.014	0.0009
QYGD	−3.46929	0.0003	76.4730	0.0743
SYGD	−5.56735	0.0000	115.525	0.0000
FYB	−0.15370	0.0561	79.9585	0.0098

6.3.4.3 门槛存在性检验

首先，需要确定门槛的个数，以便确定模型的形式。本文分别在不存在门槛、一个门槛和双重门槛的设定下对模型进行估计，得到的 F 统计量和采用"自抽样法"得出的 P 值。从表的结果可以看出，单一门槛模型的效果非常显著，"自抽样"的 P 值都从 0.095 上升到 0.250，而单一门槛模型的效果较为显著，在 10% 的水平下显著。因此，本文采用单一门槛模型进行分析（表 6-4）。

表 6-4　门槛回归分析

门槛类型	F 值	P 值	BS 次数	1%临界值	5%临界值	10%临界值
单一门槛	22.191	0.095	200	27.026	23.944	20.597
双重门槛	9.760	0.130	200	25.817	18.493	14.773
三重门槛	6.644	0.250	200	15.930	11.524	10.038

6.3.4.4　门槛值确定

表 6-5 以及图 6-1 列示了单一门槛的双重门槛的估计值及其相对应的 95% 置信区间。门槛参数的估计值是 9.315，每个门槛估计值 95% 置信区间是所有 XF 值小于 5% 显著水平下的临界值的 γ 构成的区间。

表 6-5　门槛估计值与置信区间

门槛类型	门槛估计值	95%的置信区间
单一门槛	9.315	[9.164，9.341]

6.3.4.5　模型参数估计结果

根据图 6-1 估计的门槛值结果，2006—2016 年间，我国殡葬业发展可以分为两个阶段：当居民消费对数值小于或等于 9.135 时，为我国殡葬业发展的第一个阶段；当居民消费对数值大于或等于 9.135 时，为我国殡葬业发展的第二个阶段。这一实证结果说明，我国殡葬业发展与经济发展存在非线性关系，殡葬业收入水平伴随经济发展阶段的不同而变化，存在区间效应。根据估计参数，得到模型如表 6-6 所示：

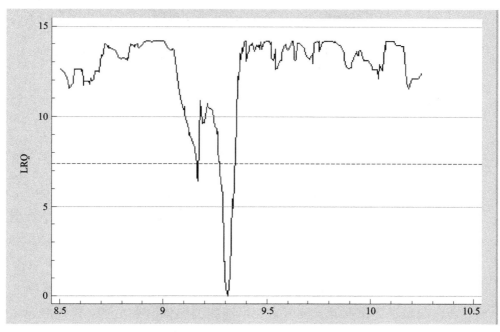

图 6-1 门槛值及置信区间

表 6-6 门槛效应回归值

lnsr	Coef.	Std. Err.	t	P>|t|	[95% Conf.	Interval]
lnbz	−0.3716469	0.2965806	−1.25	0.211	−0.9553778	0.2121041
lnry	−0.1668982	0.3555577	−0.47	0.639	−0.8667193	0.5329229
lnzk	−0.0803936	0.1446088	−0.56	0.579	-0.3650178	0.2042306
lnyt	0.4156524	0.2588784	1.61	0.109	−0.0938813	0.9251861
lnlr	0.1127801	0.042275	2.67	0.008	0.0295729	0.1959872
fyb	1.418565	3.064024	0.46	0.644	−4.612154	7.449284
lnhhl	−0.1322738	0.2169541	−0.61	0.543	−0.5592905	0.2947428
lnqygd	0.1433055	0.0682754	2.10	0.037	0.0089235	0.2776875
lnsygd	0.1030106	0.1046298	0.98	0.326	−0.1029254	0.3089467
lnxf_1	0.6202764	0.1759084	3.53	0.000	0.2740472	0.9665055
lnxf_2	0.5747372	0.1687801	3.41	0.001	0.2425383	0.9069362
_cons	4.490378	2.205976	2.04	0.043	0.1484982	0.032258
signa_u			0.9063794			
signa_e			0.57414728			
rho			0.7136431	(fraction of variance due to u_i)		
			F test that all u_i=0:F(29,288)=5.17			
			Prob>F=0.0000			

根据分析结果,可以得到如下门槛回归模型:

$$LnIN_{it} = -0.3716LnBZ_{it} - 0.1669LnRY_{it} - 0.0804LnZK_{it} + 0.4157LnYT_{it}$$
$$+ 0.1128LnLR_{it} + 1.4186LnFYB_{it} - 0.1323LnHHL_{it} + 0.1433LnQYGD_{it}$$
$$+ 0.1030LnSYGD_{it} + 0.6203LnXF_{it}(LnXF_{it} \leq 9.135) +$$
$$0.5747LnXF_{it}(LnXF_{it} \geq 9.135) + \varepsilon_{it} \quad (4)$$

6.3.4.6 固定效应模型回归结果

一般而言，有三种面板数据模型形式可供选择：混合估计模型（Pooled Regression Model）、固定效应模型（Fixed Effects Regression Model）及随机效应模型（Random Effects Regression Model）。Hansen（1999）研究的是固定效应下的面板门槛模型，在运用这个模型之前，必须进行豪斯曼检验来确定所研究的面板数据支持固定效应还是随机效应，检验结果显示，统计值为 16.51，P 值为 0.0055，强烈地拒绝了随机效应的原假设，说明本文选取的样本数据支持固定效应模型，表 6-7 列示了固定效应模型的参数估计结果。实际检验结果显示，应建立固定效应模型。

具体回归结果，如表 6-7 所显示：

表 6-7 固定效应回归值

lnsr	Coef.	Std. Err.	z	P>|z|	[95% Conf. Interval]	
lnbz	−0.4835948	0.1672864	−2.89	0.004	−0.8114701	−0.1557194
lnry	0.7071936	0.2188379	3.23	0.001	0.2782791	1.136108
lnzk	0.0953806	0.1221412	−0.78	0.435	−0.3347729	0.1440117
lnyt	0.8083903	0.1332862	4.57	0.000	0.3473117	0.8697841
lnlr	0.0956593	0.0440554	2.17	0.030	0.0093124	0.1820062
fyb	0.8083903	2.392738	0.34	0.735	−3.881289	5.49807
lnhhl	−0.321714	0.1297285	−2.48	0.013	−0.5759772	−0.0674508
lnqygd	0.1687468	0.0554076	3.05	0.002	0.0601499	0.2773437
lnsygd	0.0799026	0.0729990	1.09	0.274	−0.0631728	0.2229781
lnxf	0.2707672	0.1087848	2.49	0.013	0.0575529	0.4839815
_cons	2.240024	1.319426	1.70	0.090	−0.3460032	4.826051

$$LnIN_{it} = -0.4836LnBZ_{it} - 0.7072LnRY_{it} - 0.0954LnZK_{it} + 0.6085LnYT_{it}$$
$$+ 0.0957LnLR_{it} + 0.8084LnFYB_{it} - 0.3217LnHHL_{it} + 0.1687LnQYGD_{it}$$
$$+ 0.0799LnSYGD_{it} + 0.2708LnXF_{it} + \varepsilon_{it} \quad (5)$$

6.4 结论和政策建议

6.4.1 研究结论

基于面板门槛模型，采用我国对 30 个省市 2006—2016 年的年度数据实证研究了殡葬业收入水平与各影响因素之间的关系，并找出了与经济增长相关的变量居民消费水平的门槛值，得出殡葬业收入水平与经济增长之间存在非线性关系。得到以下结论。

第一，殡葬业收入水平与经济增长呈显著的正相关关系，即在经济增长的情况下，居民消费水平的提高会直接影响殡葬业收入水平的提升。

第二，经济发展的阶段不同，其与殡葬业收入水平之间的正相关程度不同。根据数据自身的特点，以及门槛回归结果，本文将我国这段时间内的殡葬业发展分为两个阶段。尽管在每个阶段殡葬业收入水平与经济增长都呈显著正相关的关系，但是从解释变量居民消费水平的系数值变化可以发现，随着我国经济的增长，消费水平的提升对殡葬业收入水平的作用是不断减弱的，这表明近年来我国殡葬业发展是有效的。

第三，对于养老投入的多少直接影响老年人过世后丧葬活动的花费。老年抚养比高的地区，养老水平比较高，老年人在世时花费比较大，去世后的丧葬活动更倾向于比较小的花费；老年抚养比低的地区，养老水平比较低，老年人在世时花费比较小，去世后的丧葬活动更倾向于比较大的花费。

第四,老年抚养比的高系数说明了殡葬业是一个特殊行业,受文化习俗的影响远大于经济发展的影响,所以殡葬业发展与别的行业衡量尺度不同。殡葬业收入水平不是由经济发展水平决定的,而是由经济发展水平下的道德水平决定的。道德水平越高,殡葬业收入水平越低。

第五,殡葬业发展有其特殊的规律。若忽略政策因素,社会则会出现为了自身的精神需求及经济落后的文化影响而大操大办现象。随着经济发展,平时已经能满足各种精神需求,城市化进程也削弱了人与人之间的影响力,丧葬活动的花费随之会有一定的减少。

6.4.2 政策建议

基于实证研究所得出的结论,可以给出以下政策建议。

第一,强化和明确殡葬业的功能定位与发展战略,探索使殡葬业自觉发展的制度建设,充分发挥殡葬企事业单位的自主作用,使殡葬业发展对社会道德的促进作用真正体现出来。

第二,继续促行经济发展,提高居民生活水平,使经济发展对殡葬业总收入的提升作用不断减弱进而发挥促进作用。具体而言,除了作为公共物品的殡仪服务项目,应该鼓励发展多种所有制形式的殡仪服务机构,促使殡仪服务机构间的良性竞争,能够更好地覆盖所服务区域,进而促进殡仪服务的健康发展。

第三,继续加大作为公共物品的火化及后处理项目的公共财政投入,降低总体社会成本。

本章从殡葬业与经济发展的关系出发,利用门槛模型分析了经济发展及其他因素与殡葬业经济效益的关系。由于殡葬业的特殊性,社会效益经常会产生无法估量的结果。殡葬业的发展终归是受控于社会的发展,经济发展初始阶段会促使殡葬业经济效益的增长,但随着经济发展,社会道德水平逐步提升,殡仪服务水平也会逐步提升,殡葬业也必将健康发展。

7 互联网时代背景下中国殡葬业产业结构分析

本章将以北京市为例,分析北京市殡葬业的产业现状,计算北京市殡葬业集中度,并分析北京市殡葬业集中度的特征。由此分析互联网时代背景下,我国殡葬业产业行为、结构及市场绩效。

7.1 北京市殡葬业集中度分析

产业集中度是表示在特定产业中,卖者或买者具有怎样的相对规模结构的指标。市场集中度是反映特定市场的集中度指标,它与市场中垄断力量的形成密切相关。也正因此,市场集中度成为考察市场结构的主要因素。CR 指标是指行业内规模最大的前几位企业的有关数值(可以是产值、产量、销售额、销售量、职工人数、资产总额等)占整个市场或行业的份额。计算公式为 $CR_n = \sum_{i=1}^{n} X_i / \sum_{i=1}^{N} X_i$。在公式中,$CR_n$ 为产业中规模最大的前 n 位企业的市场集中度,X_i 为产业中第 i 位企业的产值、产量、销售额、销售量、职工人数或资产总额等数量。在这里,根据调查结果,我们选用职工人数作为计算指标。

贝恩是最早使用产业集中率对产业的垄断和竞争进行分类研究的学者。他采用了产业内前四位和前八位的集中度指标，对不同垄断、竞争结合程度的产业的市场结构进行了分类，具体如表 7-1 所示。我们将采用他的分类依据对殡葬业的计算结果进行分类。

表 7-1　贝恩产业集中度分类

市场结构 \ 集中度	CR_4 值/%	CR_8 值/%
寡占 Ⅰ 型	$CR_4 \geqslant 85$	
寡占 Ⅱ 型	$75 \leqslant CR_4 < 85$	$CR_8 \geqslant 85$
寡占 Ⅲ 型	$50 \leqslant CR_4 < 75$	$75 \leqslant CR_8 < 85$
寡占 Ⅳ 型	$35 \leqslant CR_4 < 50$	$45 \leqslant CR_8 < 75$
寡占 Ⅴ 型	$30 \leqslant CR_4 < 35$	$40 \leqslant CR_8 < 45$
竞争性	$CR_4 < 30$	$CR_8 < 40$

根据上面的计算方法，本节采集了 100 个在北京市注册的殡葬服务公司的数据，来逐步计算其职工人数份额。由于生产殡葬设备的厂商比较少，在此不对北京市殡葬设备提供商进行市场集中度计算。

表 7-2　北京市殡葬服务公司市场集中度测算

提供服务种类	市场集中度/%					
	CR_3	CR_4	CR_5	CR_6	CR_7	CR_8
殡葬服务	16.7	20	22.9	25.2	27.2	29.0
骨灰安葬服务	12.5	15.9	19.0	21.8	24.3	26.6
寿衣用品销售	0.007	0.009	0.010	0.012	0.013	0.015

从表 7-2 中可以看出，殡葬市场的集中度不是很高。整体来讲，殡葬服务集中度略高些，但与骨灰安葬服务整体处于略低的水平；而殡葬相关用品的销售，市场集中度就更低了，只在市场中占据很小的份额。而殡葬服务，主要集中在北京市各个区县的殡仪馆中。因此，判定北京市殡葬业处于寡占型垄断市场。

7.2
北京市殡葬业集中度特征

(1) **产业集中度数据分析** 经过计算后的产业集中度虽然并不能代表全部,但可以看出目前市场中的殡葬企业基本属于稳定的状态。虽然每年会有新进入的企业,但总体而言,仍然是少数。因此,这一产业内部基本上是各个产业链稳定瓜分利润的状态。既然市场内形成垄断,说明整个市场处于封闭状态,市场创新的驱动力也就很小。

(2) **殡葬业集中度的特点** 首先,不同类别的市场集中度存在差异,但是区别较小。这说明殡葬业整体还是表现出相似性。这可能与殡葬业的封闭性与业务单一性存在一定的关系,因为封闭单一,所有殡葬企业的服务均存在不同程度的相互模仿与学习。

其次,市场集中度水平较低与人口的分散有直接关系。殡葬业近几年一直处于成长期,很多业务并不成熟,仅仅是市场早期的一种暂时现象。从行业内的网站数就可以看出,殡葬业市场集中度之所以处于比较低的状态,是因为市场整体处于发展初期,还处于一个落后的状态。

7.3
我国殡葬业集中度决定因素的理论分析

当前已有的研究中,技术因素、需求因素、进入壁垒、国际因素、政府干预等成为影响市场集中度的主要研究因素。以下将结合已有的我国殡葬业特点来对相关影响因素做出梳理和理论分析。

(1) **规模经济水平是殡葬业的技术因素** 技术因素主要是指技

决定的生产的规模经济水平。而规模经济被认为是产业集中度中最重要的决定性因素。在经济学理论中，规模经济是指厂商生产越多的产品，单位产品的长期平均成本会相应的越低。或者说，厂商的长期平均成本会随着产出的增加而降低，即规模报酬递增。同样，对于殡葬业来讲，越来越多的投资集团倾向于全产业链布局，但还不具备规模经济的特征。大企业的平均成本比一般企业要低，可以获得更高的规模报酬递增效果。而殡葬业的整体技术水平仍然比较低下，当今社会的技术水平仍然尚未普及殡葬业，而且各地民俗文化又有很大差异。因此，不同于存在规模经济的产业必然会导致产业结构趋向集中的现象，殡葬业基本处于分散状态，几乎不存在规模经济。

(2) 市场规模和需求的多样性是殡葬业的需求因素 市场规模也是产业集中度的一个重要因素。一般来说，在行业规模经济水平一定的情况下，对某个产业的产品的市场需求越大，说明这个产业的市场容量相应也就越大，所能容纳的企业数量也就会越大，相应的该产业的集中度就会越低。而这个研究结果与殡葬业正好相反。殡葬业市场需求扩大，但是对产品的需求却呈现出多样化的特点。因此，产生这种相反结果的最重要的原因就是需求的多样性。不同地域的用户由于习俗不同而形成了不同的偏好，这就促进了市场的竞争性，也为一些小型的企业提供了生存和发展的空间。

(3) 行政垄断与传统习俗是殡葬业的进入壁垒 市场进入壁垒是指产业内准备进入或正在进入的新企业在与已有企业的竞争过程中可能遇到的障碍或不利的因素。市场进入壁垒的高低，一方面反映了市场内现有企业的优势的大小，另一方面也反映了新进入企业所面临障碍的大小。导致壁垒形成的因素主要有规模经济壁垒、必要资本量壁垒、资源占有壁垒、产品差别壁垒、政策法规制度壁垒、传统习俗等因素。规模经济壁垒是因为新企业进入某一产业初期，一般难以形成规模经济，相对产业内已有的企业，其生产经营成本必然较高，从而获利能力降低，在市场竞争中失去竞争力。必要资本量壁垒是指新企业进入市场所必须一次性投入的生产经营成本。资源占有壁垒是指现有企业因为先发优势可能已经排斥性地占有一些稀缺资源，如必要的生产要素、专利技术、销售渠道等。产品差别壁垒是指产品差别化明显的产业，现有企业的品牌已经有良好的信誉和影响力。新企业如果没有独特的新技术和新产品则很难进入市场。政策法规制度壁垒指的是在一些国家和某些行业中，新企业的开业需要经过复杂的审批程序，一些进口设备和原材料、购买国外技术都需要管理部门批准发证；一部分行业实行生产经营许可证制度，以及关税、非关税壁垒等，资金的筹集也会受到政策制度的制约。在这些壁垒中，对殡葬业影响最深的是政策法规制度壁垒和传统习俗。

政策法规制度壁垒造成了殡葬业最主要的竞争壁垒。虽然我国的市场经济是有特色的，但是对于殡葬业的发展，政府更多的是从殡葬公共服务均等化方面，比如提出惠民殡葬或者其他政策来进行管理；对于殡葬服务的市场化部分，并没有采取其他政策来规范市场的运作。正因为如此，我国殡葬业，除了国营的殡仪馆提供的服务之外，其他企业大部分都是与政府有着千丝万缕关系的民营企业，规模都非常小。因为殡葬服务的可替代性非常小，政府干预对他们的存在与发展会产生巨大的影响。

除了政府干预，传统的习俗也不容忽视。每个地域均有独特的殡葬习俗，其他地域的企业想要进入，直接复制原始地域的模式是行不通的。由于传统习俗的巨大差异，产品需求也更加多样化，企业也因此无法形成规模经济。

7.4

我国殡葬业的市场行为与背景

企业的市场行为是指企业在根据市场需求条件并充分考虑与其他企业关系的基础上，为获取更大利润和更高的市场占有率所采取的决策行动。对殡葬业来说，行业目前处在快速成长期，各个殡葬企事业单位都倾向于扩大市场规模以及占有更大的市场份额。

7.4.1 殡葬业市场行为的基本描述

首先，一定的市场规模才能保证企业的利润，殡葬企业有一定的利润才能维持下去。殡葬公共产品有国家补贴，但同样提高公共产品的品质也需要市场产品的补充。但是，新的殡葬应用和服务必须突破一个临界点之后才能生存下去，因为临界容量是维持企业利润增长的最小规模，也是企业盈利和亏损的分水岭。殡葬业的应用和服务属于一种特殊的应用和服务，而由于其自身的独特性和革命性，一般在早期来说采用的很少，主要是一些创新者和冒险者使用。随着使用人群的扩大和产品价值的认同到一定的临界点后，该服务与产品的应用呈现出爆炸式的增长。比如，在殡葬改革初期，在民众接受火葬以后，一些大中城市基本实现了100%火化。因此，之前很多创新的殡葬企业由于市场规模不够难以维持市场的正常发展而倒闭，比如早期做告别仪式的殡葬服务公司。事实上，我国殡葬企业开始规范发展并盈利也是在殡葬的人性化改革之后，之前一直处于半地下的非市场化状态。殡葬应用与服务企业之所以需要扩大规模还是由产业的特点决定的，因为殡葬行业的特点是边际成本非递减和边际收益递增。同时，殡葬企业在初期的投入必须达到一定的规模，才能经过重重审批进入正常生产流程，提供满足用户需求的产品，这是殡葬企业在成立初期必须尽快扩大市场规模、满足企业发展生存的空间需要。

如图 7-1 所示，殡葬企业投入的初始成本为 C1 开始收入增长比较缓慢，早期用户的增长并不能马上带来收入的快速增长，需要在临界点 u 之后。这时用户由于知道殡葬服务效用价值越来越大而更多地采用此类服务，从而推动了企业收入的快速增长。

其次，殡葬企事业单位发展的关键在于提升其影响力，扩大其市场份额。殡葬业的正反馈机制并不是很强，短期内的消费一般是一次

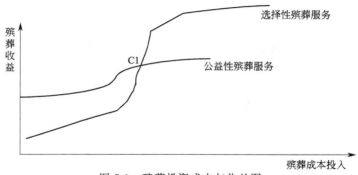

图 7-1 殡葬投资成本与收益图

性的。在一种正反馈机制中，如果某个产品和技术的用户人数超过了临界点就会产生自我增强的正反馈机制，即用户的增加、该产品和技术的价值快速上升，能吸引更多的用户接受该产品和技术，这也使得该产品和技术更有价值。而那些用户规模没有达到临界点的产品和技术，在正反馈机制的作用下被迫降低其自身价值，对用户的吸引力也进一步降低，直到最后被迫退出市场。因此殡葬企业发展的一个关键不是要建立殡葬企业自身的正反馈机制，而是尽最大力量找到客户，扩大市场规模。如图 7-1 所示，交点表示殡葬业的快速增长爆破点。如果企业占有更大的市场份额，其市场增长的速度和规模可能会更大，而一旦错过开业的增长爆发点，之后再去抢占市场份额，将会付出更高的成本和代价。这是因为殡葬用户存在一个锁入效应和学习效应，即用户一旦习惯一种殡葬应用与服务后一般不愿意转换到另一个类似的服务中去。比如殡葬消费中的公墓消费，一旦选择了墓地，就意味着 20 年的时间在此接受服务，不太可能转换到其他公墓去。

7.4.2 我国殡葬业市场行为的背景

有研究指出市场结构在完全竞争市场上是会影响企业的市场行为的。由于参与竞争的厂商数量很多，这使得任何一家参与市场竞争的企业的市场行为，都难以对同行业或其他行业企业的市场行为产生较大的影响，所以单个企业的市场行为影响微乎其微。而在独家垄断的市场上，只有唯一的一家厂商，没有竞争对手，不存在对其他企业的影响问题，因此独家垄断市场也没有必要分析。厂商行为之间的相互影响，只有在寡头垄断的市场上。由于厂商的数量不多，而且每一个厂商都可以控制部分市场，这使得厂商之间存在着相互竞争、相互依存的现象，在行为决策上存在相互影响、相互制约的关系。已有的传统产业组织理论核心——产业组织理论的研究都是以寡头垄断型市场结构作为研究企业行为的背景。

前面关于我国殡葬业结构的实证分析指出，我国殡葬业可以说是一种寡占型的市场结构模式。因此，殡葬企业的企业行为具有重要的理论价值和现实意义（必须指出的是已有的寡占市场结构的研究）。但这种寡占型市场结构正在逐渐被打破，产业发展过程中呈现出一种不稳定的状态。其中若某个企业的努力或者突破，将会改变目前的市场结构。典型的例子是网上殡葬电子商务的开展。早期是传统零售企业各自为营，基本具有传统手工业者的特点，后来新兴企业以电子商务为突破点，扩大了网上商店的零售范围，如温州殡葬电子商务网站。再后来，又有企业将网上零售扩大，建立网络纪念，进一步扩大了网上殡葬服务的零售范围。目前，越来越多的殡葬服务内容向传统文化开展。

我国殡葬业的市场行为类型，如之前分析：由于我国殡葬企业优先考虑的目标是扩大市场规模和抢占市场份额，这引导我国殡葬企业的市场行为必须是围绕这一目标来展开的。殡葬企业的行为主要分为两类：一类是定价行为、另一类是非定价行为。定价行为是指企业以控制和影响价格为基本特征的定价行为，包括阻止进入定价行为、驱逐对手定价行为、价格差异行为等。无论是企业的定价行为还是非定价行为，都是希望通过影响市场环境来实现企业的目的。也有研究将之称为策略性行为。其中，市场环境是指影响市场运行结果的各种要素，包括竞争者的心态、心理、信念，现实和潜在的竞争对手的数量，竞争对手进入产业的成本和速度，各个厂商的生产技术和消费者等。企业的策略性行为又可以分为合作策略性行为和非合作策略性行为。合作策略性行为是指同一行业内厂商之间相互协调、相互限制的竞争的行业竞争行为。在传统产业中最典型的合作策略性行为是厂商之间的串谋。非合作策略性行为是指厂商单独的为追求利润最大化而力图提高自己竞争地位的行为。在传统中常见的非合作性策略行为是阻止进入定价行为和掠夺性定价行为。对于殡葬业来说，行业还处在快速发展时期，企业的发展更加依赖于自己商业模式的创新和产品服务的创新。因此，传统经济中盛行的限制等策略性行为在网络经济中很难生存下去。本书在讨论企业的市场行为时重点考虑的是市场行为对企业自己的市场规模发展的影响。对我国殡葬来说，也不外乎这类市场行为。由于定价行为会影响到用户的采用和企业间的竞争，因此定价行为仍然是我国殡葬企业最主要的市场行为，将影响到企业的商业模式和竞争形态。

下面先分析一下殡葬业的非定价行为，其与价格行为不同，但是企业的非价格行为不是通过所谓的涨价、降价等价格协调来获得较高的利润，而主要是通过研究与开发或产品营销活动来达到企业的目的。其实，策略的关键是产品差异化、产品本身的差异化和产品营销活动的差异化。对殡葬业来说，产品差异化或营销活动差异化的目的是要扩大市场规模与提升市场份额。由于殡葬业的服务性与短暂性，殡葬业很难通过技术的不同形成所谓的产品差异化来达到企业的市场目的。因此，对殡葬业来说，更重要的是营销活动的差异化。如何将一个有特色的殡葬应用与服务在最短的时间内让用户认可和接受，并尽快达到一定的用户规模，从而最大限度地提升产品的社会效应价值，进入市场增长的正反馈循环。我国殡葬业应用与服务的市场增长也包括新产品扩散。新产品扩散是指新产品经过一段时间经过特定的渠道在某一社会系统中传播并逐渐被消费者所采用的过程。我国殡葬应用与服务的市场增长过程是一种殡葬产品散播的过程。提升新产品服务与应用的尝试率，我国殡葬业常用的策略有捆绑销售策略、免费使用或者促销使用策略。为了吸引更多的模仿用户，殡葬业常用的策略还有培育和发挥意见领袖的作用。比如，电视台为了宣传绿色殡葬，同时也宣传了环保骨灰盒的厂商。社会网络效应也是殡葬业经常用到的，利用熟人之间的信任进行相关营销。

7.4.3 殡葬业的定价特点及策略

价格不透明。现代通信不发达时，传统商业模式中贸易双方的信息存在不对等的情况。通过信息不对等的优势，经营者为产品制定较高的价格，获取超额利润，即可能获得的剩余价值。也可以根据市场情况采取需求差别定价，给企业按照两种或两种以上不反映成本费用的比例差异的价格销售某种产品或服务，这种价格和价格形成机制，对消费者而言是不透明的。在殡葬行业中，这种情况是完全相同的。买方虽然由于殡葬拥有了越来越多的信息而卖方不再有原来的信息优势。但是由于在殡葬业中用户所处的特殊情况，使得用户对价格服务等消费产品处于一种信息极度不透明状态。而消费过程完成以后，顾客才去进行价格的比较与信息的探索。这种事后询价的方式，使得消费者福利效用大大降低。

必须指出的是，现在政府推行的价格透明化，不一定会导致殡葬应用服务的定价同质化。其实，在当前殡葬环境下同样的产品还是存在一定的价格差异的，即在同一时间对同一商品市场上有不同的价格，而且价格差异特别大。由于消费者对信息不了解，使得他们在选用政府定价的商品和服务时因为受到周边环境的影响而并没有注意到定价的差异性，因而也没有选择政府政策中提倡的殡葬服务。

免费价格策略。免费价格策略是市场营销中常用的营销策略。它主要用于促销和推广产品时。这种策略一般是短期和临时性的。但在殡葬服务的营销中，免费价格不仅仅是一种促销策略，它还是一种有效的产品和服务定价策略。免费价格策略就是将企业的产品和服务以零价格的形式提供给顾客使用，满足顾客的需求。免费价格有以下几类形式。第一类是产品和服务完全免费，即产品从购买使用和售后服务所有环节都实行免费服务，如购买公墓可以免费赠送网络纪念空间。第二类是对产品和服务实行限制免费，即产品可以被有限次使用。超过一定期限或者次数后取消这种免费服务，如公墓购买者前三年可以免费享受定期清洗墓碑服务。有效期结束后需要付款申请继续使用。第三类是对产品和服务实行部分免费。第四类是对产品和服务实行捆绑式免费，即购买某产品或者服务时赠送其他产品和服务。对于政府免费的如惠民殡葬的部分，属于政府的公共行为，不属于企业的免费价格策略之内。

免费产品特性。殡葬应用与服务实行免费策略是要受到一定环境制约的，并不是所有的应用与服务都适合于免费策略。一般来说免费产品具有下列特性。一是无形化特点。比如清明节期间公墓免费提供水桶、茶水。这些免费品的提供，企业只需通过较小成本就能实现，但节省了大量的产品推广费用。二是间接受益特点。企业在市场运作虽然可以利用殡葬业的本身实现一定程度的低成本扩张，但免费的产品还是需要不断地开发和研制，需要投入大量的资金和人力。因此，采用免费价格产品有间接收益特点，可以帮助企业通过其他渠道获取收益。如殡葬企业通过提供免费家谱制作或相关服务等方式来带来新的收益，这种收益方式也是目前大多数新兴的殡葬业的主要商业运作模式。

其他定价策略。以差异化定价策略价格差异是指不同的商家对同一商品制订不同的价格。而价格歧视则是在同一商家在同一时间对同一商品制订不同的价格。在熟人社会中，大部分人的信息都是从有经验的朋友中得来，对真正的信息并不明确，商家可以根据消费者的支付意愿指定价格和便利程度的组合表。目前，殡葬服务企业一般都是透明定价，根据消费者的不同意愿和心理制定不同的销售组合使得消费者选用不同的套餐。而公墓企业，一般是根据前期投资以及相关情况进行价格的制定。同样的产品，同样的质量。只是因为分布在不同的地方或者是具有不同的故事，那么就具有了不同的价格。因此，殡葬企业的差异化定价策略有很强的主观性。

7.5

我国殡葬业的市场绩效

市场绩效是一个具有广泛含义的概念。对市场绩效的评价涉及多个方面。其中主要有四个方面：资源配置效率、产业规模结构效率、技术进步程度和非效率。殡葬业的市场绩效研究主要是从理论模型的构建来解释资源配置效率问题。为了进一步了解我国殡葬业的市场绩效，本研究将从以下几个方面进行论述，力图从说明我国殡葬业的市场绩效在当前条件下，在消费者福利以及社会效用方面的绩效。由于影响技术进步的重要因素是市场结构，将产业规模效率与技术进步结合起来分析将说明完全竞争型的我国殡葬业的结果妨碍了技术进步。

7.5.1 微观下的消费者福利

对于资源配置效率，需要同时从消费者的效用满足和生产的效率两个方面来考察资源的利用状态。对于殡葬业来说有三个市场主体：一个是用户，即消费者；二是利用殡葬从事商业活动的传统市场主体；三是提供支持服务的殡葬的应用和服务企业，即新兴的殡葬业。下面从殡葬业的整体层面来分析殡葬业的发展是否提升了消费者福利，殡葬业本身的发展是否有效。

(1) 消费者可以享受更多的新服务 殡葬服务与应用的一个特点是稀缺性，因此适用于传统经济中分析的背景，将有限的消费品在消费者之间进行分配。事实上，殡葬服务的稀缺在于殡葬业本身的特点，即邻避性，也就是社会习俗的巨大作用。由于殡葬业的封闭性与非自由性，消费者在需要时无法从正常渠道获取自己需要的信息，而消费者购买服务与产品的需求又具有时效性，这就为暴利价格提供者提供了机会。而殡葬业属于完全竞争状态，当消费者可以得到更多的报价以及信息时，就可以在短时间内处理更多的信息，享受更多的服务。比如，目前殡仪馆或者其他服务中心提供的 24 小时电话、家庭聚会式的告别等新兴的起着心理辅导的服务可以极大地缓解消费者的痛苦。从这个方面，现代殡葬的意义讲，是增加了消费者的福利的。

（2）殡葬服务与产品增加了消费成本 殡葬服务中，消费者经常选择的服务是接运遗体、穿衣、火化、入墓、祭扫等五大内容，但是每一项服务中，基本都是人工成本。而殡葬服务的时效性，使得人工成本的时间价值非常高。当消费整体结束后，消费者所花费的价格往往远远超出心理预期。从这一方面说，当前的殡葬服务，是极大地减少了消费者的福利的。

（3）殡葬服务总的费用持续上升 目前，消费者具有很强的地域性。看似完全竞争的殡葬企业实质上在某个地域均处于垄断地位。因此，看似公平竞争的市场，实质上在消费者面临选择时，所消费的服务是由某一个特定地区的一家或少数几家殡葬企业提供的，可以选择的范围非常少。而殡葬服务提供者对消费者的心理诱导，以及一些服务产品的高利润率，使得殡葬服务的花费持续上升。从这一角度说，消费者福利是下降的。

因此，从以上三个方面的分析可以看出，中国殡葬业的发展实际上是提供了更多的产品与服务的，但是由于消费成本的增加与总的费用的增加远远超出了消费者预期，因此造成了消费者剩余下降很大，消费者福利大大降低的现象。实质的消费者福利是可能超出消费者的实际的感觉的。

7.5.2 宏观下的社会效用

可以从以下两个方面评价殡葬业的社会效用。

（1）殡葬服务市场规模的快速发展 近年来殡葬业快速发展，实质上是给消费者带来一定的福利和效用的。随着殡葬宣传的加大、普通民众对死亡的重新认识、对世俗偏见的纠正，殡葬业的市场规模快速增长。这给殡葬业带来了许多新的机遇和挑战。标准化的产品在不断推出，例如福寿园在全国各个地区推广其经营模式与殡葬服务产品，已经开始出现集团化效应。

墓地服务分部是中国殡葬服务业的最大分部，2012 年占据 56.2% 的市场份额，是整个行业重要的增长推动力。2008 年至 2012 年，墓地服务分部按 14.0% 的年复合增长率增长，于 2012 年实现人民币 262 亿元的市场规模。五年内，墓地服务按 17.9% 的年复合增长率更强劲增长，2017 年占据行业的 58.7%，归因于对传统地葬及陵墓的一贯需求以及其他落葬类别的增加。地葬及墓地销售为墓地服务分部的单一最大组成部分，2012 年占该分部市场规模的 96.3%。由于每年死亡人数庞大，大中型城市对传统地葬的需求远超供应。根据 Euromonitor 的资料显示，2012 年五大运营商合并占据 3.9% 的市场份额，而福寿园公司就收益而言为墓地服务分部最大的殡葬服务提供商。

自 2008 年起，殡仪服务的收益按 12.9% 的年复合增长率增长，于 2012 年达人民币 69 亿元，占中国殡葬服务业的 14.9%。出殡典礼是殡仪服务的最大及增长最快的子分部，于过去五年内按 15.4% 的年复合增长率增长，于 2012 年达到人民币 32 亿元的销售额，占殡仪服务分部市值的 46.8%。遗体处理、运输及化妆以及灵堂租赁为殡仪服务分部下，其他两个子分部，于 2012 年分别占殡仪服务分部总市值的 26.4% 及 26.9%。这些一般被视为现代殡仪的基本、必要项目，而该等服务的价格相对稳定，因而较出殡典礼子分部而言，所贡献的增长率较低。

(2) 我国殡葬业的基本社会功能已经完成　我国殡葬业之所以形成产业，归根结底是在完成社会功能基础之上形成的。如果基本的社会功能没有完成，那么殡葬仅仅是提供公共服务，尚不能形成产业。目前形成的殡葬业，已经在基本社会功能完成的基础之上，开始了新一轮的改革引领。随着生态葬、新的告别仪式的盛行，殡葬业必将进入一个新的历史阶段。

7.5.3 殡葬业的市场交易费用

殡葬业的市场交易费用主要是传统经济的交易费用,比如寿衣等零售业务,毛成本费用一般占到收入的10%,而殡葬业的市场交易费用的大部分应该在相关业务的行政审批中。

7.5.4 垄断型市场结构与技术创新

关于垄断型市场结构与技术创新的关系是产业组织理论中广受争议的核心问题。根据经济学家熊彼特的假说,他认为垄断型市场结构其实是有利于推动技术创新的,这是因为垄断型厂商具有更强的实力和能力去实施创新,而且创新后的垄断利润又会激励垄断型企业去创新。因此很多经济学家系统地探讨了市场结构和技术创新的关系,进行了大量的理论性研究。与传统经济类似,殡葬业的垄断型市场结构同时具有竞争型市场和垄断型市场的特征。也就是说,大型国企对市场具有绝对垄断地位,但仍然积极参与市场竞争,而垄断地位的企业也确实进行了技术创新,这对于整个行业的进步是起到促进作用的。而新的殡葬企业带着新的产品进入市场,又会促进占垄断地位的企业进行产品改良。

7.6

我国殡葬业组织的合理化分析

7.6.1 我国殡葬业垄断型市场结构的合理性

(1) 殡葬业垄断的必然性 从殡葬业的供给方来看,主要包括设备提供商、小微企业、国营企业等。殡葬服务与应用的强地域性使得当地国营企业热衷于固守已经占有的市场份额并抢占其他企业占据的市场份额。另一方面，群众的习俗基本是固定的，要想改变需要很长的一段时间。因此，固定的殡葬应用与服务基本成为当地群众的固定习俗，这就为殡葬企业的垄断提供了条件。从需求方来看，由于殡葬服务的熟人传播性与国企本身的信誉度，使得消费者更习惯于选择已有的市场份额比较高的应用与服务，这也从另一方面促进了市场垄断程度的提升。消费者一旦习惯了某种服务，一般不愿意转换使用，除非新的应用与服务在不同的理念与形式上有更大的突破且易于接受。

（2）殡葬业垄断的暂时性 殡葬业的封闭性与非自由性，使得消费者无法自由地对自己可选择的应用与服务进行比价。因此，能吸引消费者的主要特点在于取得这一阶段家属的信任，这就为与医院太平间相关的企业提供了垄断机会。但是市场上一旦出现更加吸引大众的服务、产生好的用户价值，即使对社会效用是反作用力的，依然会改变整个市场的结构和形态。比如殡仪馆的固定服务模式已经开始受到社会企业的冲击，这使得殡葬业的垄断具有一定的暂时性。

（3）殡葬业垄断的有效性 关于垄断型市场结构与技术进步的分析指出，垄断型的市场结构使得具有垄断地位的企业更有实力和条件来进行技术创新，同时创新带来的技术性垄断利润又会激励垄断地位企业更愿意去创新。具体到殡葬业来说，殡葬业垄断的有效性并没有体现在技术创新方面，仅仅是体现在对于殡葬改革的政策执行方面。殡葬业由于垄断，一直处于技术创新的背面。直到近年来互联网的发展，行业融合加速，资本进入，才开始有一些技术创新，行业才开始有了一定的改变。

综合上述分析可以看出，中国殡葬业目前的寡占型垄断结构具有一定的必然性、暂时性和有效性，寡占型垄断企业目前是比较稳定的，但整个行业中的垄断企业实际是不断动态变化的，殡葬业还处于发展初期，市场规模并不成熟，体量较小，潜力巨大，目前寡占型的市场结构也只是发展中的一种形态。这要求我们从长远发展的角度和遵循殡葬业发展的历史规律来认识目前殡葬业的市场结构。

7.6.2 我国殡葬业垄断型市场行为的合理性

前文分析我国殡葬企业的主要目的是做大市场规模和提升自己的市场份额，主要的市场行为有两大类：一类是降低价格行为，主要特点表现为一般采取免费价格策略以求吸引更多的用户使用；另一类是有除了价格行为之外的其他行为，主要是进行企业并购、公益宣传或者民俗文化开发等，以求最大限度地做大市场规模。要分析我国殡葬业市场行为的可行性，一是要看殡葬企业的行为是如何影响市场结构的，二是要看殡葬企业的行为是如何影响市场绩效的。

对于殡葬企业的价格行为来说，殡葬企业的免费价格行为，一方面会直接提升普通消费者的效用，使得消费者在享受殡葬服务的同时得到服务项目之外的额外收益；另一方面这种免费价格策略会给后来的同类殡葬业者带来一定的门槛，因为现有的竞争对手凭借自己的先发优势和规模报酬递增的特点建立相对稳定的优势。前面分析指出，目前的我国殡葬业的寡占型市场结构是一种相对合理的组织形态，处在优势地位的企业凭借自己的地位获取额外市场收益，处在领导地位的企业为了获取更大的收益不断去尝试新的业务核心的经营模式。因此，我国殡葬企业的免费价格策略是一种合理的有效策略，给消费者带来了更大的消费者剩余。同时，推动的市场组织集中度提升并没有妨碍殡葬事业的发展。

殡葬企业的免费价格策略只是一种策略，因为殡葬企业经营的是一个带有殡葬改革、传承文化的历史使命的平台。它一方面为消费者用户提供服务，另一方面可以通过产品输出当前时代的精神与文化。总体而言，我国殡葬企业采取的免费价格策略其实是一个多赢的商业模式：对消费者来说，可以得到服务与产品；对企业来说，可以得到其他部分的利润；对政府来说，可以宣传殡葬改革的精神。对于非价格行为来说，目前我国殡葬企业采取的模式更多是公益宣传与联合政府行为，这种投入的回报不仅取决于企业投入的规模，而且取决于企业投入的效率。由于我国殡葬业还处在市场发展成长阶段，因此殡葬企业的投入更多是将殡葬市场规模做大，即在做大市场蛋糕。根据殡葬规模报酬递增的规律，殡葬企业的这种投入做大市场行为其实是可以提升市场资源配置的效率的，同时也能增加最终用户使用的绩效，当然也会提升殡葬企业本身的绩效。总体来说，处在成长阶段的我国殡葬业的宣传和推广投入，对于整个殡葬业来说是一个多赢的结果。

因此，从我国殡葬业组织的寡占型结构形态、殡葬企业的价格行为和非价格行为分析来说，对于处在成长发展阶段的我国殡葬业来说，目前的产业组织结构的存在是合理的。企业的行为是理性和有效的。作为一个政府监管下的市场经济体制的国家，正确认识我国殡葬业组织的这一现状和规律，对政府如何有效地监管和服务我国殡葬业具有很好的背景意义。

我国殡葬业与国际发达国家的殡葬应用与服务相比，还有很大的差距，主要体现在技术创新及对于生者的服务方面。我国殡葬业的殡葬服务能力还有待进一步提高。我国殡葬业大体来说都是立足于我国大陆本土市场，鲜有走出国门的国际性"互联网＋殡葬"应用与服务的企业。在进行国际化推广殡葬应用市场过程中，可以首先考虑涵盖中文市场，即为懂中文的全球用户提供服务，以此推广中华文化。同时，推动我国殡葬企业参与国际市场竞争很重要的一点就是要有国际视野的国际型人才。大力吸引和培育懂国际市场的我国殡葬应用与服务的创新人才对我国殡葬业的发展也是至关重要的。

总之，随着老龄化社会的到来，我国殡葬市场的规模将越来越大，而且会越来越集中于以往忽略的服务项目中，殡葬业已经成为我国经济的重要组成部分。因此认识和理解我国殡葬业的规律，对于扶持和推动我国殡葬业的发展是非常重要的。必须认识到的是，在我国互联网产业与殡葬业的结合中，我们不能简单照搬传统的经济理论来解释并应用于我国殡葬业的格局和现象。要结合殡葬业形成的历史背景来理解殡葬市场的规律性和特点，来了解当前我国殡葬业组织寡占型市场结构的有效性与合理性。政府需要做的正是引导越来越多的殡葬业组织，提供其存在与发展的空间，促使殡葬业组织能够从市场培育方面加强与互联网背景的结合，促使其能够以技术创新来满足市场日新月异的变化，而非利用手中权力力图消灭市场上存在的殡葬服务企业。相信在政府的支持下，在我国殡葬服务企业的努力下，我国殡葬业必将拥有快速而健康的成长势头，在创造经济价值的同时起到移风易俗的作用。

通过互联网时代北京殡葬业结构、组织，以及绩效的分析，得出了北京市殡葬市场的寡占型市场结构，并从微观消费者和社会福利两个方面分析了我国市场绩效。总体而言，互联网时代虽然有信息共享等特点，但殡葬市场的寡占和封闭性有其特殊的合理性。

8 结论与展望

8.1 互联网对殡葬业的促进

目前国内殡葬业的特点是：流程烦琐、供应商分散、行业秩序混乱、产业链高度不透明——所有这些都可能被互联网改变。正是由于传统殡葬业给用户的恶劣体验，才给了互联网介入空间。对用户而言，互联网可以提供更多的透明性和消费自由，通过对供应商资源的整合也可以提供一站式服务。对商家而言，互联网则可以通过优化产业链条改善其成本结构，并帮助优质商家获取更大的市场。个人看来，这两点都是用户比较现实的痛点，也是网络工具撬动传统殡葬业的最有力杠杆。

互联网作为能够迅速大范围传播信息的媒介，成为殡葬业进行自身宣传的重要工具，能够让人们更加了解殡葬这一特殊行业，借助互联网可以破除人们对于殡葬行业的一些负面看法，提升行业形象，并增强从业人员的自信心和荣誉感。

8.2 殡葬业在互联网背景下的变动

8.2.1 互联网时代殡葬服务行业大环境变化分析

互联网时代，沿袭数千年的中国殡葬业迎来了重大变革。互联网时代，企业面临的市场竞争环境发生了翻天覆地的变化。传统的经营理念和经验不断被颠覆，企业面临的竞争环境更加激烈。

在互联网出现之前，企业发展战略布局并不是维持企业持续经营的必要条件。在第二次世界大战后，社会物资严重匮乏，百废待兴，对当时的企业经营者而言，把握住市场机遇远远比阅读市场重要。在当时的条件下，只要投资正确，即使是和竞争对手做同样的产品，得到的收益也非常丰厚。我国在改革开放初期的情形和上述情况类似，经济环境有相似的地方，对当时的我国企业而言，机遇遍地皆是，抓住机遇即可获得成功，"战略"并不是决定企业能够立足市场，获取收益的唯一关键要素。

进入20世纪80年代，随着我国的飞速发展，人们有了一定的经济积累，消费者需求开始呈现多样化的趋势。而到了80年代末期，通信技术和计算机技术急速进步，人类社会开始发生巨大变化（IT革命），特别是进入互联网时代之后，企业战略的重要性越发突出。

互联网时代最重要的变化就是"信息市场"的完全效率化。"信息市场"的完全效率化是指在虚拟的网络空间中形成信息发布或交易的市场，在这个市场中，信息的传播呈现大量、瞬时、全球化和几乎无偿获得的显著特征。而这样的变化使企业面临的市场竞争环境发生了以下几种变化。

（1）社会变革的日常化 互联网时代，社会变革日常化的趋势日益明显，昨天还为大家所普遍认同的真理，有可能在今天或明天就被质疑。人类社会进入了日新月异的时代。在这样的时代背景之下，对于企业而言，依据过去积累的经验来推断企业未来的发展已经越来越困难，甚至过度依靠过去的经验有可能会使企业的经营陷入困境。只有那些准确把握未来的战略方向、在短时间内就能够快速应对竞争环境变化、迅速调整战略的企业才能在残酷的市场竞争中获得生存与发展的空间。

(2) 市场竞争的场所发生变化 在互联网时代之前，市场竞争只是单纯地存在于物理空间之中。进入互联网时代之后，市场竞争的场所开始向虚拟空间转移，物理空间和虚拟空间的融合正在成为企业所要面对的现实，市场竞争活动正在趋向多样化和复杂化。不能够正确理解这一点的企业，未来将面临被淘汰的命运。

(3) 产品/行业的生命周期不断缩短 "信息市场"的完全效率化使得产品/行业的生命周期明显呈现不断缩短的趋势，并且缩短的速度还在不断地加快。如果企业不能持续地实现战略性创新，那么就有可能经常性地卷入价格竞争的红海，在互联网时代生存的可能性也越低。

(4) 市场竞争由"单打独斗"向"集团作战"转变 在传统经济时代，一家企业要独立面对行业内所有竞争对手的挑战，依据"木桶理论"，企业不仅要发挥自己"长板"的优势，还要筹集资源不断弥补自己的"短板"。这样做不仅加重了企业的经营负担，也不利于资源的集中使用。而在互联网经济时代，随着标准化的出现，企业可以集中资源只发挥自己"长板"的优势，"短板"可以通过外包或战略合作的形式来弥补。市场竞争将由一家企业独立面对多个竞争对手转变为价值链上不同企业组合之间的"对峙"。"集团作战"将成为未来市场竞争的主要方式，"单打独斗"企业的未来前景不容乐观。

(5) 消费者和投资者将成为市场的主导力量 在传统经济时代，市场信息几乎只掌握在企业的手中，消费者和投资者掌握的信息量极其有限，对于企业的议价能力也较弱。进入互联网时代后，消费者和投资者通过互联网可以轻易地掌握无处不在的企业信息，消弭了企业和消费者、投资者和经营者之间的信息不对称的情况，作为买方的消费者和投资者的议价能力不断提升，市场的主导权也逐步被消费者和投资者掌握。如何更好地满足消费者和投资者的需求已成为企业所要面对的核心问题。

互联网时代的殡葬企事业单位要想立足于市场，并在残酷的市场竞争中实现"永续经营"，就要具备迅速、高效活用"信息市场"的能力，对所获得的信息加以利用，转化为具备战略创新性的产品、服务、商业模式等，同时还要将这样的创新持续下去，才能确保业务长盛不衰。

8.2.2 互联网给殡葬服务行业带来的机遇分析

殡葬业在中国市场是一个朝阳产业。在"互联网＋"之风吹拂下，也有一波创业者掀起了"互联网＋殡葬业"的创业浪潮。尽管这个行业充满了一些不规范之处，但是该产业是实实在在的利润丰厚的高回报行业。总结起来有四大因素给互联网殡葬业创造了机会。

（1）孝文化为内涵，面子文化为外在 孝文化是中国传统文化的一个重要部分，几千年来在我国的文化变迁中从未改变，在中国，尽孝是中国人要承担的责任和义务。而在孝文化的外面还有一个面子文化，这也与社会环境和文化差异相关，父母生前子女照顾得有所欠缺，但是在父母去世后子女会尽量让父母走得有尊严。在这两种文化的驱使下，中国殡葬业一直呈现发展上升趋势。

（2）人口老龄化，老年人口总量大 根据相关统计数据，2018年我国60岁以上老年人高达2.41亿。未来我国人口老龄化程度将不断提升，随之而来的可能是死亡率的飙升。中国殡葬业协会预测2020年我国殡葬业消费将达到6000亿元，到2023年将会破万亿。

（3）传统殡葬业服务存在诸多不足和漏洞 传统殡葬业服务流程没有形成链条，整个流程需要多个供应商接洽，这个过程浪费了大量的时间和精力，同时服务质量和标准参差不齐；目前传统的线下殡葬业服务质量低下，价格混乱，不透明，很多消费者有着较差的服务体验。

(4) 我国广大的农村市场拥有巨大开发潜力 随着我国基础设施的不断完善，互联网已经遍布广大农村地区，殡葬行业在这些地区还没有完全市场化，往往是地域性的"一条龙服务"，行业商机和整合空间有着巨大的潜力。

8.2.3 互联网给殡葬服务行业带来的挑战分析

互联网的应用可以帮助传统殡葬业解决目前面临的棘手问题。

首先是价格不透明的情况。传统殡葬业价格的不透明往往是人们关注的热点，漫天要价的情况时有发生，通过互联网平台的运用，殡葬服务价格可以数字化的根据服务的不同而列出来，让消费者根据自己的实际需要来选择相应价格的服务和服务提供商，真正做到消费者为主体，货比三家，明明白白消费。

其次是产品质量以及服务质量参差不齐。殡葬产品的特殊性决定其并不是人们经常用到的消费产品，产品和服务质量的好坏，用户很难自行做出判断。互联网殡葬能够让用户以其他一些用户的点评作为参照，从而选择更适合的殡葬服务。

最后还有中间环节过多的情况。大多数的殡葬业商家都只提供某一个方面的商品或者服务，但是互联网殡葬业却能够将这些商家整合到一起，形成"一条龙服务"，帮助用户解决烦琐、复杂的殡葬业流程。

既然如此多的因素给互联网殡葬业创造了机会，那么互联网殡葬业的未来前景应该是非常光明的，我们先来看看当前一些从事互联网殡葬业的平台的发展现状如何。

(1) O2O 模式代表：彼岸、忆·悟堂 彼岸因获得天使投资而名声大噪，甚至被称为国内第一家用互联网方式做殡葬的公司，曾经在北京有三家门店。其成立的初衷就是想只做一家网站，但后期发现线上线下结合的模式更适合行业的发展，于是决定开设线下门店。但是此后彼岸再也没获得融资，最后倒闭。

忆·悟堂同样也采用线上线下结合的经营模式，通过为客户提供专属跟踪服务，为客户提供定制葬礼服务，满足客户的个性化、多元化需求。

线上线下结合的模式，很显然能够更好地把服务落地。线上线下结合之后，线上可以为线下进行导流。此外，自营模式在服务质量、服务水平、服务标准等方面也有着更多的优势。

不足的是，这种O2O的模式并不利于平台的快速扩张，前期较高的线下门店成本影响了它们的扩张速度。

（2）C2C平台模式代表：一空网、爱佑汇 一空网、爱佑汇推出了一站式服务，爱佑汇已聚合3000余家殡葬企业；一空网同样也聚合了众多殡葬服务商家，其中超过100家殡葬企业提供"一条龙服务"。

在淘宝商城上，有很多小商户提供类似殡葬服务，不过服务比较分散，只是解决了一个线上流量的问题，并没有真正解决殡葬服务本身的乱象问题。这类平台则正是要解决淘宝没能解决的问题，通过对行业的线下殡葬服务商家进行梳理，然后整合供应商的资源来规范整个行业，最后通过透明价格的形式呈现给消费者。消费者则可以参考平台的评分等级、评论内容等来选择口碑好的服务商家。

如何让平台从淘宝变成服务升级的天猫，对于平台服务商家的监督、评选就会成为一空网、爱佑汇这类平台所面临的挑战。但是相比天猫商城而言，这类服务平台的挑战更加严峻，殡葬业的服务更多体现是在线下，而非线上，一空网、爱佑汇想要实现标准化服务很难。

从前面两类平台的发展现状来看，目前还没有哪家平台能够真正在殡葬市场做得非常不错，短期来看它们想要颠覆传统殡葬业恐怕非常难。互联网对于殡葬服务业带来的挑战主要体现在以下几个方面。

首先，传统殡葬业的暴利在互联网的冲击下正得到瓦解。由于互联网的发展，殡葬的相关价格、服务信息得到越来越多的披露，但因网络信息传播一定程度上的失真，传统殡葬业落后的经营方式需要面对越来越多的质疑，传统的服务理念、服务方式需要进一步完善。

其次，互联网在急于向殡葬业融合时遇到了传统殡葬习俗的巨大挑战。互联网虽然对传统殡葬业的一些陋习能够产生一定的冲击，但重在服务的殡葬业活动主要发生在线下，互联网的模式仍然无法完全与殡葬业融合。相比婚礼，葬礼是每个人一生只发生一次的事件，事情过后，生者一般也不愿提起，这就注定了无法通过口碑相传的模式进行经营，而互联网的标准化与各地殡葬风俗的不同，也为互联网进入殡葬业带来了阻碍。互联网与殡葬业的融合更多地局限于大城市，对于中小城市及农村地区来说，殡葬服务业的市场化仍然不足，对于互联网殡葬业的进入带来了一定的阻碍。

再次，互联网殡葬业的进入需要探索新的模式。殡葬产业结构分散、中间环节过多。互联网可以帮我们整合殡葬产业，形成"一条龙服务"，发挥产业优势，同时提高行业集中度。目前的互联网进入殡葬业的模式随着时间的推移逐步产生了网上纪念、网络公墓、微信公众号、APP、小程序、微商、购物商城等。这些模式中，网络纪念已经仅剩几家大背景网上纪念平台存活，盈利有限，方式单一；网上公墓几乎已经完全消失，微信公众号更多的是形象和业务展示，APP小程序等更是不可能进入用户手机下载范围，电子讣告等也应用有限。因此，互联网与殡葬的融合需要探索新的模式，不仅应当考虑"互联网＋殡葬"，更应该考虑"殡葬＋互联网"模式。

最后，互联网对于思想的影响有一定的滞后性。互联网作为一种现代化的传播工具，打破了地域、民族、国别等界限，大大缩短了人们之间相互交往联系的距离。但它的出现，对于信息化时代的人们，受到影响最大的是当前的青年群体，对于互联网与殡葬业的融合必定会有一定的滞后性。

8.2.4 "互联网＋殡葬服务"行业融合创新机会分析

"互联网＋殡葬"融合发展的产业环境：当前，殡葬行业处于互联网时代的老龄化社会的产业环境之中，人口老龄化的发展直接影响着殡葬业发展进程。21世纪前期将是我国人口老龄化发展最快的时期。

2000年底，我国老年人口总量达到1.3亿，占总人口的10.2%，我国进入老龄化社会。2013年底，我国老年人口总量突破2亿，居全球之首。2013—2025年，我国人口老龄化处于快速发展阶段，预计2025年我国老年人口总量将超过3亿。2025—2050年，我国人口老龄化将处于高速发展阶段，预计2040年我国老年人口总量将超过4亿，2050年前后我国老年人口总量将达到4.7亿。2050年以后的相当长时期内，将持续保持在4亿多的高位运行状态。我国居民人均预期寿命为76岁，根据老龄人口变化情况，殡葬行业自2020年直到21世纪末，都将保持快速发展状态。由于服务对象以1950年以后出生的群体为主，他们既有现代殡葬观念，受互联网影响极深，又具备经济实力，是现代殡葬服务的消费群体。因此，面对数量激增的殡葬消费群体，殡葬行业转型升级、提质增效，将是今后殡葬行业重要的发展任务。

在当今时代，互联网已成为人们日常生产生活的重要部分，引领着社会经济的发展。在殡葬领域，互联网助推殡葬从传统向现代转型升级。"互联网＋殡葬"已成为不可阻挡的时代潮流，是21世纪殡葬事业发展的重要战略之一，前景广阔、潜力无限。

目前对于相关的创新和技术融合也有一些应用实例。

(1)"互联网＋生态葬"——生态二维码墓牌 殡葬改革中，节地生态安葬的应用和推广是重要内容。不占或少占土地，使用环保材料进行安葬的生态安葬方式是未来我国安葬的主推方式。在应用实例中，二维码墓牌就是一种非常好的创新方式，经济适用、生态环保，提高了生态安葬率。

传统墓园以传统墓碑葬为主要安葬形式，墓型传统单一，墓碑以石材为主，墓位大面积硬化。大型墓碑造成墓园园林景观无法与城市总体景观相协调，视觉效果较为突兀。生态墓园是坚持"先建公园、后建墓园、不见墓碑"建设理念的新型现代人文纪念设施，注重打造人文环境，和谐融入城市景观和人们的日常生活。

二维码墓牌替代传统墓碑：传统墓地的修建破坏环境，造价高昂。二维码墓牌运用二维码技术和移动互联技术，以电子数据方式，将逝者的人生历程通过文字、视频影像资料予以保存。二维码墓牌材质选用铜、陶等制品，体积小，与石材墓碑相比，节约土地资源、保护生态环境。将二维码墓牌电子平台所载的生平事迹、视频影像通过移动终端予以再现，具有较强的追思、人文纪念、生命教育功能。

(2) "互联网＋殡仪服务"——一站式殡仪服务　互联网具有信息透明、高效低成本、平台化、集约化的特点，"互联网＋殡仪服务"将为广大群众提供便捷的殡仪服务平台。结合地域实际情况，采取B2C、O2O等商业模式。随着商业模式的成功运用，新业态的殡仪服务公司将开发出具有人本和文化特色的个性化服务项目，满足现代殡仪消费。

(3) "互联网＋祭奠"——移动互联网的普及　随着互联网的普及，网络祭奠、发表感怀寄语等祭奠方式快速发展。随着移动互联网时代的到来，"互联网＋祭奠"从传统互联网升级到移动互联网。现在已有互联网公司对"移动互联网＋祭奠"方式进行应用。资料显示，2008年以来每年清明节约4亿人次集中祭扫。经统计，北京市2008年至2016年，祭扫人数逐年递增。面对逐年上升的集中祭扫带来的公共安全、道路交通等方面的压力，推动"互联网＋祭奠"融合发展，是解决这些问题的有效手段。

8.2.5　影响互联网与殡葬融合发展的因素

殡葬是我国传统行业，有着悠久的历史，传统观念根深蒂固，地域文化特点明显，人们认同和接受互联网殡葬还需一个过程；加上人们多年来形成的对殡葬忌讳的影响，很少有人平时去关注殡葬互联网站。殡葬服务的地域性和宗族凝聚力非常强，人一旦去世，亲属首先会向本族族长或当地红白理事会求助，进而造成互联网殡葬服务不如当地实体殡葬服务来得方便。但随着互联网思维的逐渐普及和城市化进程的加快，地域文化、民族习俗、宗族秩序的融合与改变正在快速影响着人们的殡葬观念，传统殡葬行业与互联网进行融合已经成为必然。

(1) 制约"互联网＋殡葬"融合发展的因素 制约互联网与殡葬融合发展的因素有很多，能够产生直接影响的有以下一些因素。第一，传统殡葬服务大部分由事业单位性质的殡仪馆承担，自我突破意识不强，是制约互联网与殡葬融合的主要因素。第二，传统殡葬企业大多数观念老、项目少、规模小，家族性质明显、服务区域固定，很难进行资源整合。第三，传统殡葬企业对与互联网融合的认识不深、准备不足、接受能力弱，对"互联网＋殡葬"模式存在抵触情绪。第四，互联网企业对殡葬行业的介入不足，殡葬企业对互联网理解不充分，存在意识壁垒。第五，对殡葬的世俗偏见，造成互联网与殡葬之间的跨界人才严重匮乏。缺乏创新，传统殡葬礼俗传承与互联网时代殡葬文化产生对撞，迎合现代人情感多层结构的殡葬服务形式严重不足。

(2) 促进"互联网＋殡葬"融合发展的因素 第一，国家高度重视互联网的发展。2015 年 7 月发布的《国务院关于积极推进"互联网＋"行动的指导意见》指出"互联网＋"是把互联网的创新成果与经济社会各领域深度融合，推动技术进步、效率提升和组织变革，提升实体经济创新力和生产力，形成更广泛的以互联网为基础设施和创新要素的经济社会发展新形态。2016 年 2 月 19 日民政部等 9 部门印发的《关于推行节地生态安葬的指导意见》中明确指出："推进互联网、物联网与殡葬服务融合发展。" 2016 年 6 月 24 日民政部印发的《民政事业发展第十三个五年规划》中强调：推进"互联网＋殡葬服务"，创新和优化殡葬服务供给，提供更多优质的殡葬公共服务产品。

第二，各地方政府积极推进"互联网＋"行动计划。2016 年以来，国内 31 个省、市、自治区都出台了与"互联网＋"相关的政策文件，为"互联网＋殡葬"的融合发展创造了良好的政策环境。

第三，老龄化人口结构对"互联网＋殡葬"融合发展产生影响。国家统计局 2019 年 2 月 28 日发布的《中华人民共和国 2018 年国民经济和社会发展统计公报》显示:"全国大陆总人口 139538 万人,比上年末增加 530 万人,其中城镇常住人口 83137 万人,占总人口比重(常住人口城镇化率)为 59.58%,比上年末提高 1.06 个百分点。户籍人口城镇化率为 43.37%,比上年末提高 1.02 个百分点。全年出生人口 1523 万人,出生率为 10.94‰;死亡人口 993 万人,死亡率为 7.13‰。"从人口数及其构成情况可见,65 岁以上人口已经达到 16658 万人,见表 8-1。人口老龄化将会带来死亡率的快速上升,这将直接影响着殡葬行业发展进程和殡葬服务结构,也会对"互联网+殡葬"融合发展产生影响。

表 8-1　2018 年年末人口数及构成

指标	年末数/万人	比重/%
全国总人口	139538	100
其中:城镇	83137	59.58
乡村	56401	40.42
其中:男性	71351	51.1
女性	68187	48.9
其中:0~15 岁(含不满 16 周岁)	24860	17.8
16~59 岁(含不满 60 周岁)	89729	64.3
60 周岁及以上	24949	17.9
其中:65 周岁及以上	16558	11.9

第四,互联网发展对"互联网+殡葬"融合发展产生影响。国家统计局 2019 年发布的《中华人民共和国 2018 年国民经济和社会发展统计公报》显示:"固定互联网宽带接入用户 40738 万户,比上年增加 5884 万户,其中固定互联网光纤宽带接入用户 36833 万户,比上年增加 7440 万户;移动宽带用户 130565 万户,比上年增加 17413 万户。移动互联网接入流量 711 亿 GB,比上年增长 189.1%。"截止到 2018 年 6 月 20 日,我国互联网上网人数 8.02 亿人,手机网民数量占比 98.3%,达到 7.88 亿人。手机上网人数和移动互联网接入量的迅猛增长,将会对"互联网+殡葬"融合发展产生直接影响。

第五,殡葬行业服务人员结构对"互联网+殡葬"融合发展产生影响。民政部《2017年社会服务发展统计公报》统计数据显示："截至2017年底，全国共有殡葬服务机构4132个，其中殡仪馆1760个，殡葬管理机构952个，民政部门管理的公墓1420个。殡葬服务机构职工共有8.1万人，其中殡仪馆职工4.7万人。"随着殡葬事业的发展和人们对殡葬认识的改变，殡葬服务人员知识结构也在发生着变化。殡葬服务人员结构的变化也会对"互联网＋殡葬"融合发展产生直接影响。

8.2.6 如何构建互联网与殡葬融合发展新体系

（1）促进"互联网＋殡葬"协同，惠民发展　结合传统殡葬业，充分发挥互联网的社会价值，促进两者的融合发展；充分发挥互联网在效率、便民、低交易成本的优势，发挥互联网资源整合、资源利用率高的优势，提升劳动生产率，进而实现现代殡葬服务品质的提升；通过互联网引导殡葬领域的创新消费方式，让老百姓享受到惠民殡葬的好处。

（2）充分利用新型互联网技术　创新互联网商业模式，树立现代殡葬新形象。引入前沿科学技术成果，积极尝试与大数据、云计算、VR、人工智能等最新技术的融合，积极尝试开发改造B2C、C2C、O2O等互联网商业模式，形成适合殡葬行业的独特创新的商业模式，树立富有互联网时代特征的现代殡葬新形象。

（3）加强跨界人才交流，培养新型殡葬新人才　人是决定事业发展的关键因素，任何竞争，归根结底还是人才的竞争。互联网与殡葬的融合发展是两个领域的跨界融合，所形成的业态是不同于传统殡葬，也不同于互联网行业的全新的新业态。基于此，要培养既懂互联网又懂殡葬行业的复合型人才。拥有更多的现代殡葬复合型人才，才能创造更多的服务及产品，才能真正地推进新业态的发展。

（4）政策环境做好保障　营造融合发展的新环境。要加强对互联网与殡葬融合发展的调查研究，挖掘先进典型和经验做法，制定针对性强的培育扶持政策，建立奖励补贴机制、资金引导机制、创业创新机制，营造融合发展的新环境。

8.3 中国部分地区殡葬服务行业结合互联网发展案例分析

案例一：镇江市关于"互联网＋殡葬"的尝试

① 行政管理方面，打造传统文化学习平台。一是了解殡葬文化。殡葬文化是在社会发展过程中形成并沉淀下来的，集中了人们对死亡的认识、生存的价值、人性亲情等有关于人类本源性问题思考得出的结论。近年来，殡葬行业也从满足人们基本的处置遗体的需求，逐步上升到满足人们精神需求的高度。二是了解祭祖文化。中国人有慎终追远的传统，过节总不会忘记祭拜死去的先人。按照民间的观念，自己的祖先和天、地、神、佛一样是应该认真祭拜的。近代一般是到亲人的墓地祭拜。

② 殡仪馆运营方面，提供完整流程查询及预定服务。殡葬基本服务主要包括遗体接运（含抬尸、消毒）、存放（含冷藏）、火化、骨灰寄存等必需的服务。通过网络平台实现在线沟通、付费，打造一站式服务，给客户以选择的时间和空间。通过网络平台的预订和付费既可以有效地降低运营成本，提供便捷服务，提高客户的满意度，又可以在一定程度上遏制收回扣、拿红包等事件的发生，可谓一举多得。还可以应用网络建立服务监督平台。

③ 公墓运营方面，提供远程祭祖服务。网上祭祖也就是在互联网上为逝者创建虚拟墓地或个人纪念馆，然后在逝者陵墓前可以通过上香、献花、行礼等方式扫墓祭拜，既表达缅怀之情，又不占用社会资源。网上祭祖也是民政部提倡的绿色扫墓方式。它是借助互联网跨越时空的特性，将现实的纪念馆与公墓"搬"到电脑上，方便人们随时

随地祭奠已逝亲人。网上祭祖不悖于传统祭祖方式，只是传统祭祖方式的继承与延伸，通俗地讲就是利用网络进行祭祖活动。网络祭祖是对现实祭祀的一种补充。

具体方案实施：

① 由政府网站搭建平台（图 8-1）。

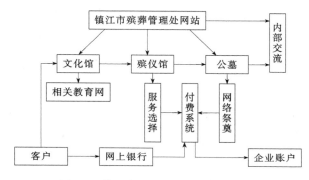

图 8-1　镇江市"互联网＋殡葬"平台

② 参与智慧城市建设，共建服务平台。运用信息和通信技术手段观测、分析、整合城市运行核心系统的各项关键信息，从而对包括民生、环保、公共安全、城市服务、工商业活动在内的各种需求做出智能响应，利用先进的信息技术，实现城市智慧式管理和运行。殡葬行业作为民政服务行业，参与智慧城市建设有利于给广大人民群众生活提供便利，有利于提高他们对传统文化的认识。

③ 利用现有网络平台，打造新型殡葬服务。利用微信公众号、微博等工具，积极推送有益的知识和信息，扩大殡葬的宣传渠道，使网民朋友能够实时近距离与工作人员交流。

案例二：山东省"互联网＋殡葬"的开发与应用

山东省通过殡葬管理信息系统的开发应用，使殡葬管理服务实现由传统手工向现代信息化转变，由粗放管理向精细化管理转变。

2001 年山东省开发全省殡葬管理信息系统。2002 年民政部社会事务司采购该系统，并在全国推广应用。2005 年原计划根据各地应用反馈的情况对系统进行升级，但因《殡葬管理条例》要修改而未能实施。2010 年山东省"金民工程"项目启动，全省民政业务 22 个系统由浪潮公司中标，其中包括殡葬管理信息系统。2012年殡葬管理信息系统（V1.0）在全省推广应用，该系统为非在线系统，部署在殡仪馆、公墓等殡葬服务单位，主要功能是应用系统办理殡葬业务，定时上报数据。

2014年6月，开发殡葬管理在线系统（V2.0）。建立全省统一的省级殡葬信息平台，实现殡仪馆业务实时在线办理，实行服务项目和收费标准公示，以及与实际收费情况实时校验比对，开发骨灰生态撒散服务系统、殡葬证件管理、殡葬档案管理、殡葬数据标准接口和台账系统接口等功能，进一步完善殡葬数据统计分析和信息共享功能。2015年7月1日，全省在线系统正式运行。实时联网办理业务，实时传送数据，提高了工作效率，为广大群众提供方便、快捷、优质服务，做到殡葬服务可监控监督、可查询追踪、可评价反馈。与省直相关部门实现人口死亡信息共享，与民政系统内部低保、优抚等数据实时核查比对，为落实各项政策提供保障，为提高火化率和领导科学决策提供技术和数据支撑。目前，系统整体运行情况良好。截至2016年12月31日，全省使用在线系统办理业务1246943件，寄存业务13937件，完善殡仪馆信息123条，采集设备信息2104条、设施信息1043条。

2016年3月10日，启用全省骨灰生态撒散服务平台。平台部署在省民政厅，通过民政厅门户网站对外发布节地生态安葬或撒散信息，为各地民政部门组织实施骨灰生态撒散提供信息技术支持。公众可进行网上报名，并在安葬或撒散后进行网上祭奠。

山东全部殡葬单位实现了实时在线办理业务，提高了殡葬单位规范化、信息化、精细化管理服务水平，为建立全省死亡人口数据库提供了准确、真实的火化数据信息。该系统主要包括民政部门管理、殡仪馆服务、公墓服务、骨灰撒散服务、系统管理和网络管理等子系统。民政部门管理子系统部署在省厅中心机房，各级民政部门通过VPN网络连接应用，主要功能是实时对殡仪馆公墓进行管理和监督，开展殡葬服务单位评估工作申报与管理、公墓审批和年检、殡葬数据的统计分析。殡仪馆服务和公墓服务子系统分别部署在殡仪馆和公墓，主要功能是强化服务管理，规范业务流程，提高工作效率，促进殡葬档案建设，为民政部门管理子系统提供殡葬基础数据。系统功能概要如图 8-2 所示。在全省殡仪馆在线办理业务基础上，完善提升全省殡葬管理信息系统，新增公墓服务、骨灰撒散预约、系统管理、网络管理等功能，公开殡仪馆和公墓服务项目、服务标准、服务流程、收费标准等内容，提供网上业务受理和咨询服务；在现有火化数据信息基础上，实现与卫生计生、公安、人力资源社会保障等相关部门信息交换共享，建立完善全省死亡人口数据库，分析挖掘死亡病因、死亡年龄等信息，为研究人类健康长寿提供科学的数据支持。

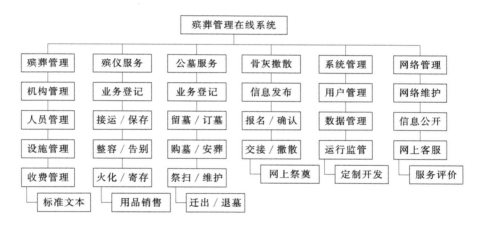

图 8-2　山东省殡葬管理信息系统

信息技术是当今世界最先进的技术和生产力，是衡量事业发展的重要标志。殡葬系统的使用给殡葬服务管理工作带来了显著变化，主要表现在以下方面。

① 数据传输实时高效。火化数据是殡葬改革的重要基础数据，殡仪馆在线办理业务的实现，由过去的理论数据、人为报送数据变为实时数据，使各级民政部门能够及时掌握火化情况，有针对性地采取措施抓好工作落实，为巩固和推进火化率提供数据依据，为领导决策提

供了有力的技术支撑。同时,上级的政策要求,也能够通过在线系统实时传达到基层民政部门和殡仪馆,确保及时贯彻落实,提高了工作效率。

②统计分析准确全面。通过对在线系统数据的统计分析,不仅能够准确掌握殡仪馆建设情况和工作人员基本情况,还能够对各殡仪馆的工作动态进行分析。有些殡葬信息,如死亡趋势分析、死亡年龄分析、死亡原因分析、病故病种分析等,都具有很高的社会利用价值,对促进区域经济发展具有重要作用。在线系统能够实现员工工作量化统计,促进服务的精细化管理和服务评价制度的落实,服务态度明显改善,群众满意率明显提升。

③殡葬服务优质规范。通过在线系统对殡仪馆服务程序进行控制,使每个岗位能够按照程序要求规范有序地办理业务,避免了人为错误的出现,服务质量明显提升。在实现服务流程的规范、优化和再造的同时,系统生成的纸质和电子档案,促进了殡葬档案管理的规范化。特别是服务项目和收费标准的公开,以及与实际收费进行实时校对,实现了殡葬服务收费公开透明,严格控制了殡葬乱收费,促进了依法依规开展服务,进一步巩固了殡葬服务专项整治行动成果。

④为信息共享奠定基础。在民政系统内部,在线系统实现了与低保和优抚数据的实时核查比对,不仅为殡仪馆核查低保和优抚对象、落实惠民政策提供保障,也为低保和优抚系统及时掌握人员死亡情况提供了信息。对外实现了与公安部门的数据交换,进一步完善了死亡数据库,为建立人口信息库奠定了基础。目前,正在与人社、卫生等部门就殡葬数据交换问题进行协商,在确保数据安全的前提下,共享殡葬信息资源。

⑤公共服务方便快捷。信息化建设为促进"互联网+社会事务"奠定了基础。例如,全省骨灰生态撒散服务平台,整合了全省节地生态安葬或撒散信息资源,为各地开展节地生态安葬或撒散提供统一的信息发布窗口,为群众及时了解节地生态安葬或撒散信息

和报名开辟新的便捷通道，为内陆地区和沿海地区合作开展骨灰撒海服务建立信息沟通桥梁。平台的应用进一步促进骨灰节地生态安葬或撒散的常态化、规范化和便利化，推进互联网与殡葬服务深度融合。

8.4 殡葬互联网技术未来发展趋势

8.4.1 "互联网+管理"技术的充分利用

互联网已经成为生活的一部分，利用互联网手段加强殡葬管理已经逐渐成为共识并得到初步的运用。先进的计算机及互联网技术，为殡仪馆和各级殡葬管理部门打造一个智能信息管理系统非常必要。

① 搭建全国殡葬服务单位联网的殡葬管理信息平台，对基本服务数据进行统一数据统计规则和标准，形成殡葬大数据。

② 建立全国统一的殡葬管理系统标准，统一服务号码、统一服务规章、统一市场规则、统一监督机制、统一评价标准，使殡葬管理由事前设槛向事前引导、事中监督、事后评价的方式转变，切实提升殡葬管理效能，提高殡葬服务社会受众满意度。

③ 在全国统一接入标准的平台支撑下，形成从殡葬服务单位至国家决策机关的各层级信息化管理网络，可从根本上解决信息断崖和管理真空问题。

8.4.2 大数据分析的利用

大数据分析是指对规模巨大的数据进行分析。未来是属于大数据的时代，国家也越来越重视政务大数据的作用，并逐步放开政务数据公开的限制。一般意义上，大数据是指无法在一定时间内用常规机器和软硬件工具对其进行感知、获取、管理、处理和服务的数据集合。网络大数据是指"人、机、物"在网络空间中彼此交互与融合所产生并在互联网上可获得的大数据。殡葬业务数据记录逝者的个人信息、业务服务信息、承办人的消费信息、寄存信息以及祭祀信息等，是国家非常重要的政务信息资源，平台可引入 Hadoop 大数据体系，运用 HBase 非结构化数据库存储海量的殡葬数据，通过对这些数据的深度挖掘和利用，可在大数据分析、大数据预警和大数据研判方面起到重要的作用。另外，既然在大数据时代，任何数据都是有价值的，那么这些有价值的数据就成为卖点，导致争夺和侵害的发生。殡葬行业中的数据更是涉及个人重要信息，随着"互联网＋殡葬"的应用，个人信息也就面临着较大的风险和威胁，事实上，只要有数据，就必然存在安全与隐私的问题，这就需要加强防范意识和网络环境应用规范。综上所述，随着中国互联网环境的日渐发展，互联网的应用主体也在逐渐扩大，"互联网＋殡葬业"将更加被广泛接受并应用。而以解决行业和用户痛点为核心的"互联网＋殡葬"，也将打破殡葬行业价格不透明、服务质量差的环境背景，使得整个行业更加健康合理、服务优质、管理规范。

8.4.3 云计算技术发展趋势分析

随着云计算的不断演变，云计算不再是早期的简易平台，通过互联网云计算能够以最少的管理工作快速进行系统资源配置，随时访问更高级别的共享池。云计算的出现，让企业获得成本效益之外，还实现了简化 IT 管理和维护、内置安全性以及易于部署的模式等。基于这些优势，越来越多的企业开始使用云计算，以期能够帮助企业实现业务目标。云计算的未来发展有如下六大趋势。

(1) 重新定义服务模式 随着云计算的发展，云服务和解决方案将随之增长。软件即服务（SaaS）预计到 2020 年将以 18％ 的年均复合增长率增长，平台即服务（PaaS）的采用率将在 2020 年达到 56％。

现阶段云计算是一种业务模式，服务提供商在定制的环境中处理客户的完整基础架构和软件需求。随着企业云服务的采用，云文件共享服务将会增加，而消费者云服务也将会随之增长。在云计算领域，亚马逊领先于微软、IBM、谷歌及其他技术巨头。2022 年，亚马逊 AWS 营收将达到 430 亿美元。

（2）混合云成优选　云到云连接将不断增长。当前，多个云提供商都开放了平台上的 APIs，以连接多个解决方案，API 有助于同步多学科和跨功能的流程。通过允许数据和应用程序共享，从而实现公有云和私有云融合的云计算环境被称为混合云。为满足业务需求，未来企业将选择混合云，并进行大量定制，同时保留其内部解决方案。考虑到数据流的控制，内部部署是网络安全性更好的选择，因而未来企业更加钟情于"私有云＋公有云"。

（3）众包数据替代传统云存储　传统的云存储不安全，速度慢且成本高，未来将实现 Google Drive 和 DropBox 等众包数据存储。企业也正在使用这种类型的存储来生成更多的众包数据。例如，谷歌和亚马逊正在为大数据、数据分析和人工智能等应用提供免费的云存储，以便生成众包数据。

（4）云安全支出剧增　云应用越多，云安全性将变得越脆弱，2017 年全球信息安全支出为 864 亿美元，根据 IBM 公司和 Ponemon Institute 公司的数据，2018 年全球数据泄露的平均成本达到 386 万美元，比一年前增加了 6.4％。随着网络环境变得越来越危险，以及云中存储的关键数据的价值增加，这个数字在 2019 年以后还会继续增加。在未来，云计算行业将期待更多网络安全公司提出新的云安全措施。

（5）物联网（IoT）和云计算　物联网（IoT）和云计算是不可分割的，因为物联网需要云计算来运行和执行。物联网是一套完整的管理和集成的服务，允许企业大规模从全球分散的设备连接、管理和摄取物联网数据，对数据进行实时处理和分析，实施操作变更，并根据需要采取行动。

2017年12月3日，世界互联网大会上，亚马逊全球AWS公共政策副总裁迈克尔·庞克表示，随着IoT的发展，我们现在进入了一个万物互联的时代，数以万计的产业、行业通过互联网实现互联。现在有更多的IoT连接到云端，因此云计算的使用将和物联网一起不断发展。

（6）实现无服务器 云计算的应用优势之一便是无服务器，无服务器应用将为那些专注于网络安全和恶意软件防护的企业提供即时支付型付费模式。触发式日志，数据包捕获分析和使用无服务器基础架构的流量信息将变得更加普遍，中小型企业能够获得与大型企业一样的规模效益和灵活性。

云计算是信息技术发展和服务模式创新的集中体现，是信息化发展的重大变革和必然趋势，是信息时代国际竞争的制高点和经济发展新动能的助燃剂。云计算引发了软件开发部署模式的创新，成为承载各类应用的关键基础设施，并为大数据、物联网、人工智能等新兴领域的发展提供基础支撑。据统计，中国云计算市场正以30%左右的增速高速发展。

将云计算与下一代移动通信、物联网等新兴产业和两化融合、三网融合等新应用结合推进，通过示范工程加速推进云计算的行业应用。在积极争取国家产业政策扶持的同时，鼓励云技术创新、应用模式探索，以云应用服务作为云计算产业发展的切入点。支持企业、科研院所等开展云计算应用模式、服务模式研究，分析云计算应用对系统、设备、网络等资源的需求，指导企业、行业用户对现有信息化基础设施的改扩建。适应云计算的应用需要，通过组织实施云计算试点示范工程，探索云计算应用模式和服务模式的创新，推动云计算在各行各业中的应用，建立云计算公共服务平台，为中小企业提供云计算服务，高校和科研机构也为云计算的理论和技术起到了很好的支撑作用。

具体到"云计算＋殡葬"的结合，在IaaS采用虚拟化后的高可用服务器集群作为殡葬管理智能化信息系统的IT基础设施，在PaaS和

SaaS层采用"服务构件"的体系。首先搭建一个企业级的应用服务平台,这个平台可看作一个构件容器,为构件提供运行环境,支持构件的安装、卸载、运行,实现构件实例化方式的运行。通过互联网以服务的方式提供动态可伸缩的虚拟化资源的计算模式,运用不同构件实现殡葬信息化系统的近乎无限的扩展。

8.4.4 物联网技术发展趋势分析

从应用领域来看,物联网技术在除智慧城市、智能水表电表之外的其他领域的应用在未来是不可限量的,部分会随着 LPWAN 认知度的提高和行业本身的完善被越来越多的行业所接纳。这部分的占比会有较快的增长速度。目前这部分用户主要在市政资产管理、智慧农业、资产和人员定位追踪等领域。物联网技术的数据源往往是嵌入式设备。在未来物联网市场占据极大比重的一端一定是芯片生产厂商。各大芯片制造厂商也都有专门针对物联网等场景的嵌入式芯片,譬如 ARM 的 cotex-M 系列,而其他的芯片巨头,如高通、英特尔、台积电等也都布局物联网嵌入式芯片解决方案。适应未来主流方向的物联网芯片应具有低功耗、可靠性等特点,而在处理速度上的需求可能并不像前者一样成为刚需。

未来物联网节点之间的通信方式也将伴随着 5G 技术的落地而形成产业变化,通信速度的提高、通信可靠性的提升将是物联网技术的一大主流发展方向。

物联网全面云化也是未来的发展方向。比较著名的有国内的华为提出的 OceanConnect 战略,基于统一的 IoT 联接管理平台,通过开放 API 和系列化 Agent 实现与上下游产品能力的无缝连接,给用户提供端到端的高价值行业应用,比如智慧家庭、车联网、智能抄表、智能停车、平安城市等。除此之外,还有国内百度云的天工系列,国外的 AWS 等也都在布局物联网云产品。

物联网技术的应用非常广泛。当前非常流行的共享单车所用到的核心技术就包括物联网技术，每一个车辆的密码锁都具有定位功能，而且根据用户在手机上的操作来决定是否开锁等。

传统的医疗产业也将因物联网技术焕发出新的生机。基于物联网技术的实时监护设备可以实现 7×24 小时全方位监护，这对于孤巢老人等特殊人群的监护作用尤其重要。基于该监护设备，可以实现隐匿疾病提前诊断，健康状况实时了解，远程医疗等服务。

车联网技术是物联网应用于传统汽车制造业上的产业创新，基于物联网技术的车联网技术可以实现车辆的自动定位、车辆的远程控制等功能。

智能家居也及时基于物联网技术带来了生活上的改变，除了日常生活中比较常见的智能家居之外，现有的许多小区也已经升级为物联网安防系统，基于这样的一种物联网安防系统，可以极大地降低小区夜间保安成本，提高小区安防系数。

殡葬行业的物联网系统，则是由殡葬业务管理系统、殡葬信息数据收集交换系统、网上自助办理及信息终端系统、设备智能控制系统、停车场智能管理系统、火化机尾气排放实时监测系统、服务设施智能控制系统、劳动量实时监督的人力资源管理系统、生态安葬系统等多个子系统组成，建立人与人、人与物、物与物、事与物的无疆界联系。可以实现以客户需求的服务和用品为核心，以设施设备和人员为纽带，以实时数据为智能控制指令，将包括接运、整容、保存、餐饮、客房、告别、火化、法医等在内的所有业务环节串联起来，通过智能控制驱动业务流程，并以此进行工作量、排放量、实时数据的统计和自我完善与控制。

8.4.5 通信技术的发展趋势分析

(1) 泛在化成为发展趋势 随着技术的发展和应用，人们生活的各个方面都离不开信息技术，尤其是通信技术。互联网的发展使得任何人无论何时何地都可以通过合适的终端设备与网络进行连接，获取个性化的信息服务。在未来的泛在网络环境中，网络将自然而深刻地融入人们日常的工作和生活中，主动感知用户场景的变化并进行信息交互，通过分析用户的个性化需求主动地提供服务。相应地，终端设备也将具备智能型接口及环境感知能力，使用户的使用更加简单和方便，从而满足我们对未来通信技术以用户为中心、随时随地接入网络的要求。

未来无线通信技术的传输速率更高，同时具有更高的安全性、智能性和灵活性，以及更好的传输质量和服务质量。

（2）融合成为主旋律　无线通信飞速发展，新的技术和标准层出不穷，孤立的网络连接在未来通信中是毫无意义的。用户更希望能通过手中的多模终端，根据自己的需求随意地接入合适的网络进行通信，即未来各无线技术间应该是融合的、可快速切换的。

灵活方便和随时接通互联网是人们的需求所在，也是持续推动通信技术发展的动力来源，多样化的无线技术的背后是各种技术融合的发展趋势。如何将应用于不同场景下的无线技术融于全IP的泛在网络是一个具有挑战性的课题。

8.4.6　互联网相关技术对商业活动未来发展的影响总结

（1）互联网经济对产业结构的影响　互联网经济的发展促使我国从第二产业加速向第三产业迈进，并促使多种经济体诞生。以购物为例，现在的购物网站不胜枚举，除淘宝、天猫、京东外，还有各种各样的网站，基于购物网站所兴盛的则是物流行业。如今我国的物流行业已经发展得十分成熟，申通、圆通、中通、韵达和顺丰的物流效率和服务也深受各店主的喜爱，成为网上购物后实物传递的主力军。很多企业家看到了这一市场，纷纷投入快递的行业中去。在长期的服务中，很多物流企业主从偌大的市场中细分市场，最终占领了一席之地，而能够站稳脚跟的关键，则是物流的速度和服务的质量。

另外，互联网经济的发展同样对传统零售业具有巨大的冲击力。

在没有互联网经济的时候，生产者的产品要想到达消费者手中还需要中间商的介入，这样生产厂家为了多销售商品，就会将自己的一部分利润分给经销商，而最终到达消费者手中的商品同样会经过经销商的加价，消费者将会以高出生产者几倍的价格购入商品，但是现在随着互联网经济的发展，生产者可以和消费者直接交流，省去了中间经销商的部分，生产者可以微微提高价格，而对消费者而言相比较于之前的价格，产品价格依然便宜很多。因此互联网经济对于传统零售业的冲击异常巨大，相信不久之后，传统零售业很有可能走向末路。

最后，随着互联网经济的发展，我国的产业结构中出现了各种各样新型的业态，如网红经济，这些网红利用自身优势开通平台，或者销售产品或者通过直播等方式来获取收入，这也是互联网经济发展下，我国产业结构发生的显著变化之一。现在每个人都可能是经营者，他们利用手机注册账号，即可通过分销他人的产品获取相关的利润，这种方式已经成为很大一部分人的兼职，他们通过在自己的社交账号中发布信息来进行产品的售卖，当有人下订单时，他们只需要让货源发货即可，这种转变同样是互联网经济对我国产业结构的一种调整。

（2）互联网经济对人才结构的影响　　互联网经济的发展离不开互联网相关基础知识，众多企业也很重视互联网知识，如今在招聘的过程中，会不会电脑相关知识成为员工能否应聘成功的关键。另外，随着互联网经济的发展，越来越多的企业开始关注手机 APP 的开发，这就需要大量的技术性人才，这种人才需要经过专门的培训才能具备专业能力，这是互联网经济对于人才结构最大的调整。

以传统零售业务为例，之前的业务员只需要人缘好、能够跑业务即可，但是随着互联网经济的发展，传统零售业的利润空间已经被压缩到最小，这就需要业务员和店主从网络入手，从网络平台中寻找新的发展机会，而这就需要业务员和店主投入精力去进行相关业务的学习，只有这样才能够在互联网经济中不被淘汰。

而对于网红名人来说，互联网经济在成就他们的同时，也迫使他们不得不尽快学习各种新的传播渠道和媒介；当微博流行的时候，他们要学会运用微博平台的各种工具同他人交流，学习如何不动声色地让别人知道自己的产品并购买；当直播盛行的时候他们在开通直播前，首先要关注自己的形象，给别人留下良好的印象，并在直播的过程中，潜移默化地将自己的产品推荐给观看者，让观看者购买自己的产品。可见互联网经济对于新时代人才结构的调整，就是要求他们适应时代的变化，时刻学习新的媒体和媒介。

（3）互联网经济对金融业的影响 互联网经济对于金融业的影响更加显著。以网上银行和第三方支付平台为例，它们改变着众多消费者的生活习惯和购物习惯。以前人们为了缴纳水费和电费，需要跑到办事大厅排很久的队才能够完成，这对于上班一族而言，是一种时间和精力的消耗。但是第三方支付平台以支付宝为例诞生后，人们只要用手机就可以轻松缴纳水费、电费和其他各种生活费用，同时还可以利用手机查看自己的社保金额、购买火车票等等。互联网经济通过这种方式，潜移默化地对我国金融业产生着影响。

对于传统银行业务办理而言，之前需要消费者花费大量的时间进行排队，耗时费力；但是互联网经济诞生后，消费者可以通过银行的手机客户端，轻松实现转账、办理活定期存款、购买理财产品等业务，方便快捷。另外，对于银行而言，在没有互联网经济的时候，为了抢占更多的客户，他们需要密集增加很多办理业务的网点，而每个网点又需要配备大量的业务人员，而互联网经济到来后，银行可以适当地减少自己的网点，或者将网点用于集中的理财产品的办理，这样也提高了银行的办事效率。

8.4.7 互联网背景下中国殡葬服务行业未来发展趋势

（1）以绿色殡葬推广理念为基础，用互联网殡葬改革行业 在殡葬改革中，大力推广节地生态安葬事宜，提倡文明环保祭扫方式，倡导骨灰撒海、葬花、葬树等骨灰深埋等方式。同时积极宣传和引导民众接受和使用"集体公祭""居家祭奠""网络祭奠"等方式来缅怀自己的故人。

可以由政企合作方式，提供网上陵园，用现代化的信息技术手段为大众提供"网上纪念"平台。例如，可以使用星星网平台的人物传记功能，搭载逝者生平资料，公众可以为纪念对象添加资料、视频等，形成独特的个人传记。甚至可以做成家族纪念馆，在星星网人物传记平台上使用生前 VCR 等功能。

"互联网＋生态安葬"，促进传统墓园向节地生态葬墓园和互联网虚拟墓园等节地生态安葬方式转变。

注重绿色生态葬式葬法的改革，利用卫星定位、VR 虚拟与现实相结合、"二维码墓"等方式建设网上墓园。从"真实场景化"与"仪式感"两方面入手，打造新型的网上祭祀服务，获取大众的支持与认可，促进安葬方式的转变。

利用互联网将生态安葬与林场结合，在安葬的同时进行植树葬，林场以视频直播方式记录生态葬树木的成长和养护过程，形成与逝者家属的互动。家属及访问者除直接参与保养服务外，还可以通过互联网金融平台付费购买保养服务，将追思和怀念与环保有机结合。

(2) 互联网殡葬电商规范化，扫除不透明　由于传统的殡葬行业部分存在许多的灰色、黑色环节，使得人们的体验不会很好，总是觉得被骗而且是无可奈何地被骗。而互联网殡葬电商则遵从市场规律，与线下的服务人员形成竞争关系，实现优胜劣汰，形成规范有序的市场环境。

比如，未来可以在平台上为那些真的需要"代扫""代祭祀"的人们提供可靠的渠道，为陵园和民众之间直接搭建信息桥梁，省去中间商，形成在互联网上就能实现的一条龙的殡葬服务。

(3) 互联网殡葬品牌化和平台化　目前市场上虽然有几家公司在做互联网殡葬的业务，并且经营状况都还可以。但是并没有形成真正的良性循环，依然没有形成市场口碑，没有让更多的人知道其存在。也就是说，互联网殡葬行业的公司应该让自己的品牌最大化，利用社会化营销使得自己的平台让更多的人知道，并且使用。

"互联网＋殡葬服务"，加快殡葬行业垂直媒体发展，通过微信、微博等新媒体形式，将殡葬政策法规、殡葬最新资讯、殡葬最新产品、殡葬服务形态、殡葬文化创新等信息，利用文字、音频、视频等方式进行发布，形成信息互动，强化殡葬文化传播和用户体验。

开展殡葬从业人员"互联网＋技术技能"培训，采取网上互动式培训、空中课堂、微信教育等方式，注重培养殡葬与互联网结合的专业人才。通过建立"互联网＋殡葬"专业人才库，推动殡葬与互联网快速融合。

利用互联网的群蜂效应和自我调节机制，创立能够迎合和满足当下社会不同层级人群情感结构的殡葬服务形式，以及一整套精心设计的殡葬服务体验，加快殡葬服务与互联网的深度融合。

打造殡葬专属电商平台，促进产业链条透明，突出产品特色，优化殡葬资源。加快殡葬服务资源整合，美化殡葬服务环境，优化服务方式，提升用户服务体验。

（4）"互联网＋殡葬"融合发展为大趋势 "互联网＋殡葬"融合发展，就是运用信息化的手段建立无疆界殡葬服务系统，将殡葬业真正融入未来的智慧社会，促进各项殡葬活动安全、有序、规范、绿色环保地开展。同时，对提升民众文明生态殡葬的观念，推进生态殡葬的实施起到重要作用。在全社会都积极参与"互联网＋"融合发展大环境的影响下，殡葬服务机构推出了一系列改善用户殡葬体验的网络服务，在殡葬信息化应用、网络业务预约、网上祭祀、殡葬媒体运营、生态殡葬以及殡葬O2O等方面不断探索，并取得了不小的成绩，在"互联网＋殡葬"融合发展的进程中贡献了自己的力量。

互联网释放出融合和改变一切的能量，势必会对传统的殡葬行业带来深刻变化。加快殡葬与互联网的深度融合，利用互联网思维和手段围绕不断延伸和深化服务，从社会殡葬文化和殡葬需求出发，进行创新，改善殡葬行业的用户体验，提高殡葬服务的用户口碑。与此同时，需要通过传统媒体、网络新媒体等的宣传，让用户接受新的殡葬理念。随互联网思维的深入人心，殡葬行业必将迎来大好的发展时机。

8.5
"互联网+殡葬服务"的构建与展望

近年来，我国互联网和信息化水平取得了显著成就，网络走入千家万户，我国网民数量也居世界第一，我国已然成为网络大国。我国政府高度重视互联网的发展，2013年就将"建设互联网强国"作为中国未来发展的重要国策，"让互联网发展成果惠及13亿中国人民"成为目标。国务院先后出台了《关于积极推进"互联网＋"行动的指导意见》《关于促进大数据发展的行动纲要》《关于运用大数据加强对市场主体服务和监管的若干意见》《"互联网＋政务服务"技术体系建设指南》等相关文件。民政部近年来也高度重视"互联网＋"建设，《民政事业发展第十三个五年规划》中提出"推进'互联网＋殡葬服务'，创新和优化殡葬服务供给，提供更多优质的殡葬公共服务产品"。我们可以看到，中国"网络强国"建设恰逢其时，正全面展开。随着社会的进步，殡葬领域发展面临着各种各样的问题，这些问题阻碍了殡葬业的可持续发展，也制约了"民政为民、民政爱民"发展理念的实现。因此，转变殡葬业发展方式势在必行，而"互联网＋殡葬服务"就是一种殡葬业现代化发展的新方向。所以"互联网＋殡葬服务"已经不是一个想不想、要不要的问题，而是一场必须有、必须干的实践。

8.5.1 互联网殡葬发展的现实问题

所谓"互联网＋殡葬服务"，就是通过互联网技术以及思想的应用，升级传统殡葬业，提高效率，提升殡葬管理服务水平和群众满意度，最终克服传统殡葬业的种种弊端。当前，我国互联网殡葬的发展还处于起步阶段，虽然殡葬领域积极引入互联网技术，在一定程度上转变了传统服务管理模式，促进了服务创新供给，提升了殡葬管理水平，但总体上看，殡葬领域标准规范体系建设滞后、运用互联网的观念和意识淡薄、高质量"互联网＋殡葬服务"的精品"难产"、互联网区域发展不均衡、信息资源碎片化孤岛化等问题还较为突出，亟待解决。

(1) 标准规范体系建设滞后　"互联网＋殡葬服务"建设的根本目的是实现政府管理与决策数据化、公共服务信息化、市场秩序规范化、群众需求便捷化，成为促进殡葬事业科学发展的重要驱动。而要达到这一目的，制定相应的标准规范是前提，是基础。由于各种原因，目前从国家层面还没有形成完整、统一、开放的信息化建设标准规范体系，标准规范体系建设滞后。主要体现在以下三个方面。

第一，数据标准需求缺乏统一规划。现有服务机构自行开发的信息系统，开发方式一般为殡葬服务机构向软件开发商提交业务需求说明书，软件开发商根据需求完成功能设计，并根据自己业务需求独立定义数据要素，导致同样的数据要素在不同地区补发，最后上线运行。由于缺乏统一的数据标准需求规划，各殡葬服务机构只同单位的殡葬信息系统中标准字段名、数据类型不一致，数据无法有效对接，给数据汇聚和大数据分析带来很大的难度。

第二，信息系统建设标准分散。信息化项目建设标准不统一，存在各自为政的现象。各地区、各单位在各自建设信息系统的过程中，殡葬基础数据、共享数据、指标口径、交换接口、访问接口等不一致，使整个信息系统构架中信息的收集、存储、传递、加工、利用等各部分间不能循环互动，系统中的信息无法有效共享，影响信息资源的广泛共享和开发利用。

第三，数据标准管理框架尚需完善。目前部分省份数据积累已有相当的规模，但由于缺乏数据标准管理框架，导致元数据的管理未能真正纳入数据标准的管理流程。

(2) 对"互联网＋殡葬服务"建设的观念和意识淡薄　发展互联网殡葬，首先需要各级殡葬主管部门及相关参与主体认识到互联网改造传统殡葬业的可能性与必要性。然而当下一些殡葬主管部门和相关参与主体认为"互联网＋殡葬"只是一种吸人眼球的炒作手段，是做表面文章、不务实，信息化工作可有可无，没有必要将其纳入议事日程；部分主管领导对"互联网＋"的概念还没有上升到国家对"互联网＋"发展的主流价值取向上，甚至还停留在一些概念上，未从本地区、本单位的实际需要出发，运用战略的眼光，制定与自身发展相适应的信息化建设规划。对"互联网＋殡葬服务"的认识不深、重视不够、观念和意识淡薄，导致对信息化建设的投入严重不足，信息化基础设施十分薄弱。

（3）高质量"互联网＋殡葬服务"的精品"难产" 当前大部分各级民政部门开始重视信息化建设工作，信息化建设工作正从无到有，由小到大，像从一片荒芜的土地上开垦出了"处女"地，搭建起了基本框架，确实取得了一定成绩，这一点毋庸置疑。但不可否认的是，现有的殡葬服务网站只是一个信息发布平台，信息少、质量差、实用性普遍不强，与"互联网＋"还相差甚远，缺乏一些与殡葬领域能深度融合、真正提升殡葬公共服务和公共管理水平，富有新意的、充满创造力的精品。

第一，殡葬网站服务信息内容实用性不强。调查发现，当前多数殡葬管理机构和服务机构网站"千网一面"，实用性不强。主要表现在以下方面。一是重点服务内容分散，整合度不够。二是办事指南细致度不高，实用性不够。三是用户对象细分不够，指导性不强。四是流程清晰度不高，办事流程描述有待优化。五是信息资源不足，内容更新频率低。总体来看，多数网站只是公开法定的办事指南，提供的办事指南只是给出共性规定、原则性要求，与社会公众、殡葬服务实体单位实际办事的过程仍有较大差距。

第二，一体化在线公共服务平台空缺。总的来看，殡葬领域空缺一体化在线公共服务平台，互联网发展成果没有惠及需要殡葬公共服务的群体。一是多数殡葬管理机构和服务机构网站在殡、葬、祭、宣四个环节中服务模式单一，丧户不能实时办理相关业务，线上线下服务"两张皮",互动交流差,互联网殡葬公共服务有效供给不足,不能满足群众多元化需求。二是缺乏有效展示殡葬改革成就,宣传殡葬政策,普及现代殡葬知识,传承和传播我国优秀殡葬文化,倡导节地生态安葬、绿色低碳祭扫、文明节俭办丧事,引导人们理性消费的公共服务平台。三是缺失促进殡葬行业产学研合作、科技成果转化于服务的一体化的在线服务平台。

第三,线上线下融合,多级联动的政务服务平台缺失。《"互联网＋政务服务"技术体系建设指南》明确指出:各级政务服务实施机构运用互联网、大数据、云计算等技术手段,构建"互联网＋政务服务"平台,整合各类政务服务事项和业务办理等信息,通过网上大厅、办事窗口、移动客户端、自助终端等多种形式,结合第三方平台,为自然人和法人(含其他组织)提供一站式办理的政务服务。目前,殡葬领域还未实现集政务服务统一申请、统一受理、集中办理、统一反馈和全流程监督等功能于一体,由互联网政务服务、政务管理、业务办理系统和数据共享组成的多级联动的一体化网上政务服务平台。

第四,互联网区域发展不均衡、不统一。各地区在殡葬信息化建设方面存在着不均衡、不统一现象,数据共享交换处于盲区。经济发达地区和地方政府重视支持的殡葬信息化建设比较好。经济欠发达和地方政府重视程度不够的殡葬信息化建设有的刚刚起步、有的还没有提上议事日程。

第五,缺乏互联互通,数字鸿沟依然存在。各级殡葬网站各自为政,不能互联互通,重复建设,功能不能互补,起不到综合服务的目的,甚至还出现信息或技术等"打架"现象。省级殡葬主管部门开发的信息系统不能和所辖地市互联互通,地市开发的信息系统也不能和所属殡仪馆、墓地等殡葬服务机构的业务管理系统互联互通,在省内形成了省、地市、殡葬服务机构之间的数据鸿沟。省际殡葬信息化建设自成体系,不能互联互通,形成了省际的数据鸿沟。由于国家还没有构建起全国统一的殡葬信息管理平台,加上互联网区域发展不均衡,数字鸿沟的存在,致使相关数据不能有效、动态、实时汇集和分析,难以发挥大数据为政府决策提供支撑的作用。

当前，仅有山东省实现了省级集中部署的殡仪馆信息管理系统，全省123家殡仪馆实现了实时在线办理业务、适时监控、互联互通。由民政部一零一研究所和山东省民政厅共同开发的公墓信息管理系统也于2017年3月在山东省集中部署并开通运行，该系统实现了公墓政务管理服务、在线业务办理、公共服务、数据交换共享等功能。江苏省实现了全省殡仪馆向省民政厅定期推送业务数据。民政部一零一研究所正在建设"中国殡葬公共服务信息平台"，该平台的建成将有效解决上述存在的问题。

8.5.2 "互联网+殡葬服务"系统的构建

"互联网+殡葬服务"的构建是将互联网进一步普及运用，与传统殡葬业深度融合，产生化学反应、放大效应。"互联网+殡葬服务"的构建以"民政为民、民政爱民"为发展理念，顺应"互联网+"发展趋势，立足服务政府、服务殡葬相关机构、服务社会大众的战略定位，运用互联网、大数据、云计算等技术，实现政府管理决策数据化，公共服务信息化、便捷化，市场秩序规范化，深化殡葬改革。结合笔者近年在建设"中国殡葬公共服务信息平台"过程中积累的经验，本文认为要解决互联网殡葬发展存在的问题，在我国发展"互联网+殡葬服务"，应主要从以下几个方面着手。

(1) 加强基础配套设施建设和投入 殡葬信息化基础设施建设，是互联网推动殡葬发展的硬件保障。建设"互联网+殡葬服务"，首先应实现殡葬信息化基础设施设备、宽带网络在民政部门和殡葬服务机构全覆盖。

(2) 建立健全殡葬信息化标准规范体系，为互联网殡葬规范化发展提供保障 美国、加拿大、英国、新加坡、新西兰等国家，互联网不仅服务内容非常丰富，而且服务非常规范。其主要原因之一就是建立了行之有效的标准规范，各级各部门互联网都按照统一的标准规范建设，为上级门户向下整合奠定了基础。

制定统一的信息标准规范是确保殡葬信息数据的一致性、完备性和有效性的前提和基础，有利于"互联网＋"与殡葬的全面融合发展，有利于实现跨地域、跨部门的信息系统互联互通、协同共享，有利于实现互联网殡葬的统一整合和服务。在已有相关国家标准和行业标准的基础上研究制定殡葬信息化建设框架性标准，细化明确各类信息和服务要素，建立健全统一、规范、开放的标准规范体系。重点制定业务数据标准规范、管理标准规范、服务标准规范、安全标准规范四大类标准。既统筹考虑区域性和城乡差异，又特别考虑实际困难和民族地区特色，增强标准规范的适用性。

(3)"互联网＋殡葬服务"的具体建设内容　　互联网殡葬在不同时期有不同的内容。目前，殡葬领域尚处于"互联网＋"的初始阶段，需要做的主要是基础性的、奠基性的工作，就好比汽车社会的初始阶段，首要的是修建道路、确立基本的汽车交通规则等基础性任务。有鉴于此，当前一个时期，"互联网＋殡葬服务"建设应包括以下三项基本内容。

一是"互联网＋政务"。"互联网＋政务"是"互联网＋"行动中的重要组成部分，是政府管理和服务创新的关键落脚点。"互联网＋政务"体系应包括互联网政务服务门户（政务服务入口）、政务服务管理（业务办理系统）和数据共享交换平台三个子系统。运用互联网、大数据、云计算等技术手段，构建"互联网＋政务"平台，整合各类殡葬政务服务事项和业务办理等事项，通过网上大厅、办事窗口、移动客户端、自助终端等多种形式，结合第三方平台，为自然人和法人提供一站式办理的政务服务；建设以逝者信息、遗体火化、骨灰安葬、殡葬消费等殡葬业务数据和殡葬职工、殡葬设备、殡葬设施等管理服务机构基础数据为主的国家殡葬数据库，对相关数据进行多角度、多层次的关联分析。与部门协同联动，打破信息孤岛，实现信息互联互通、开放共享，打造线上线下融合、多级联动的政务服务平台体系。

二是"互联网＋公共服务"。"互联网＋公共服务"是推出规范化、人性化的网上服务平台，建设殡葬政策法规专题、科技专题、服务机构相关服务信息专题，为社会公众提供殡、葬、祭、宣四个环节中各类信息资讯；建设殡葬用品电子交易、远程告别、网络祭祀、殡葬服务预约等实时在线服务平台，方便社会大众办理相关业务，全面提升殡葬公共服务能力。

三是"互联网＋文化"。文化强，国运昌。将互联网思维融入殡葬文化，建设殡葬动漫故事、殡葬数字化博物馆、图书馆、行业先进个人与单位展示、殡葬论坛互动交流窗口等数字化产品。并通过微信、微博以嵌入方式实现即时性、互动性、个性化服务，实现殡葬公共文化零距离服务。展示殡葬改革成就，普及现代殡葬知识，传承和传播我国传统殡葬的德、孝、礼、俭的优秀殡葬文化，倡导绿色殡葬、节地生态安葬、低碳祭扫，深化殡葬改革。

(4)"互联网＋殡葬服务"应具备的基本功能 按照国务院办公厅关于印发《"互联网＋政务服务"技术体系建设指南》要求，结合殡葬领域实际情况，根据建设内容，"互联网＋殡葬服务"建设的基本功能应能满足需求侧和供给侧两个方面的需求。需求侧（面向社会）需求主要有以下几个方面。

① 以人为本的信息资讯系统。使用者（包括"个人""企事业单位法人"，下同）所能查阅或获得的政务信息、公共服务等信息，满足使用者对殡葬各类信息的需求，方便使用者有效选择信息资讯。其中政务信息由政务系统推送，公共服务信息由公共服务系统推送。例如，对社会公众来说，可以了解殡葬政策法规、公共服务信息惠民政策、服务机构地图、服务项目内容、服务收费标准等公共服务事项信息；可以看到为传承和发展优秀殡葬文化，加强生命文化教育，树立殡葬文明新风尚而建立的殡葬数字博物馆、图书馆和档案馆等数字化产品。对于殡葬服务实施机构（包括殡仪馆、公墓等殡葬服务实体单位）来说，可以看到主管部门依法公布的政务服务事项的相关信息，如事项的受理、审查、审批、备案、结果等重要环节的公告通知资讯。

② 以人为本的信息检索系统。门户网站向系统使用者提供的查阅、搜索静态信息和过程信息的服务，以服务主题和用户需求为脉络，整合殡葬政务、公共服务信息，方便用户及时获取所需信息。功能设计上应逐步实现智能搜索，智能分析用户搜索目的，优先显示用户可能需要的内容，提升用户搜索体验。能让人们查得方便看得明白。例如，殡葬服务实施机构相关工作人员可按照关键词搜索服务事项和办事指南，对殡葬服务设施审批、违法违规事项、国际运尸审批、国内遗体异地运输审批、公年检等事项，按照办件编号，查询办事进度、回复、备案和审批等情况；社会大众可以查看相关政策法规、行业标准、殡葬科教、行业专利、殡葬产品用品质量、殡葬服务机构、服务项目内容、服务收费等信息资源查询，如用户选择"公墓"主题，就可获取与公墓相关的服务信息。

③ 以人为本的服务引导系统。以用户为中心，以方便用户办理事项为出发点，从实际办事出发，细分办理类型/办事条件，梳理各类型办理流程，细化各事项服务资源规范，依据用户的需求目标和筛选条件，对用户所需申办的事项进行定位，为用户提供事项办理的部门、地点、主题等快捷的浏览入口和分类导航。构建便捷、优质、高效的殡葬政务/公共服务办理平台。例如，殡葬政务系统应具备对殡葬服务设施审批、违法违规事项监管执法、国际运尸审批、国内遗体异地运输审批、经营性公墓年检、火葬区和土葬改革区划分等事项，实行一网受理、分类审批、按时办结的功能；社会大众能办理相关预约服务、网上祭扫、电子殡葬用品交易或一些其他定制服务等。

④ 以人为本的咨询问答系统。依据使用者的困惑和问题，为使用者提供人工客服与智能客服相结合的咨询服务，保证使用者在事前、事中、事后均可"有疑就问"，服务实施机构"有问必答""答必释惑"。

⑤ 以人为本的监督评价系统。依据使用者的服务体验，为"我"提供评价渠道，保证"我"及时对服务过程进行评价或投诉，是进一

步强化事中、事后监管，强化殡葬领域治理的新手段。应建立殡葬诚信评价机制，主动向社会公开监管执法、依法监测数据、违法失信、公众评价等方面信息；建立殡葬服务信用评级和"黑名单"制度，实现政府监管和社会监管，推动阳光殡葬建设。利用用户数据分析、网络舆情监测等技术手段，获取群众对服务的评价及真实需求，政府及殡葬主管部门依此支撑开展监督考核工作。

⑥ 以人为本的个性化推送系统。根据用户行为分析使用习惯，进行个性化推送服务，个性化推送实现以特定使用者为中心的服务资源聚合和个性化服务定制。"互联网＋殡葬服务"信息和内容丰富、信息量大，用户群体庞大、特征各不相同、个性化需求千差万别，通过大数据分析，挖掘用户潜在需求，分析用户行为习惯，智能推送用户关注度高、与用户相关的信息，提供主动服务。比如对所有信息进行分类，将信息归纳到某个业务分类体系，构建标签库、用户身份库，基于标签库、用户身份库，利用大数据、数据挖掘、信息标引等相关技术，对"互联网＋殡葬服务"各个系统的数据进行相似度、行为和群体行为分析，计算出需要推送给用户的信息。信息价值方面的建模，可以通过用户行为分析、用户身份识别，来分析出用户的个性。

供给侧（面向政府）方面的需求主要有以下几个方面。

① 实现各级民政部门决策数据化、科学化。在大数据时代，数据、能源、货币为支撑社会运行的三大要素，可见数据在政务管理活动中的重要性。以国家殡葬数据库为基础，对大数据建立数据模型，允许授权用户进行多角度、多层次的关联分析，支持向下或向上钻取数据，进行切片、切块分析等操作，完成深度挖掘与多维剖析，并借助图表对数据进行形象的展示。

以逝者相关信息数据脉络为例：一是通过数据挖掘、数据关联、数据比对，可以对死亡年龄、死亡原因、死亡病因等数据进行融合分析，得出相应的变化趋势，如图8-3、图8-4所示；二是对消费水平、消费习惯等数据进行分析，提供市场发展变化趋势，激发商业价值；

三是对数据进一步融合挖掘,可以分析火化率、节地生态安葬率、祭扫出行、殡葬用地保障等方面的发展趋势;四是对数据引进和开放,打破部门间数据壁垒,实现与公安、卫计等有关部门交换相关数据,将殡葬信息与人口、医疗、养老、经济等相关数据信息进行比对、挖掘,还可以进一步分析城镇化率、惠民政策执行情况评估、经济社会发展水平等变化趋势。

通过大数据分析有利于政府提升应急监测和预警能力,实现事前预警、事中监管、事后追责;有利于制定规划与宏观决策、提升殡葬领域科学决策管理水平,实现管理的精准化、实时化;有利于资源配置优化,实现智慧治理。

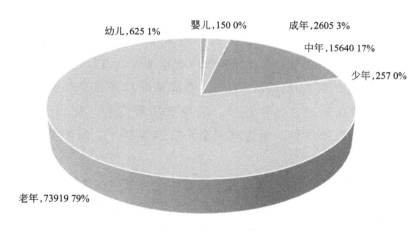

图 8-3 死亡年龄分布

② 实现多部门协同办理业务机制。与发改、国土、人社、公安、林业等部门之间信息化联网,通过系统、数据、人员相互协同的方式,实现殡葬服务事项跨区域、跨部门、跨层级办理,变"群众奔波"为"信息跑",变"群众来回跑"为"部门协同办"。

③ 规范殡葬服务管理和市场秩序。在互联网时代,凭借开放、综合等特征,信息具有高度透明化。"互联网+殡葬服务"能够成为信息资源的发布平台和数据中心,提供最新的政务信息和全面的历史信息,法定公开的信息能够被社会公众及时获取,不断简化优化殡葬服务实

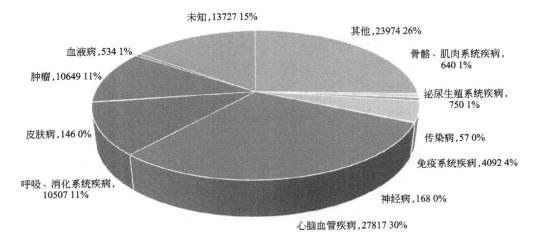

图 8-4 死亡疾病占比分布分析

体单位和群众办事流程，促进政务服务/公共服务运行规范、程序严密、过程透明、结果公开，保障公众的知情权、监督权。

比如收费事项的公开、透明，丧属能够清楚收费的各个环节、收费项目、收费依据、收费标准、减免费用等内容，有利于优化流程、提高服务效率和质量、监督和规范殡葬市场秩序、维护丧属和殡葬服务单位的合法权益。

④ 优化投资结构，建立资源共享机制或平台。集约化的绿色生态发展，既是国家的明确要求，也是"互联网＋殡葬服务"建设的现实需要。"互联网＋殡葬服务"建设过程中，应考虑以下几点。

一是国家应加强顶层设计和统筹协调，创新管理机制体制。二是要优化结构布局，建设部、省级统一架构、统一规范、多级联动的业务系统。三是围绕"互联网＋殡葬服务"系统平台架构、数据交换和信息共享等方面，统筹考虑省、市、殡葬服务机构数据采集、传输、处理、应用、共享基础设施建设，形成覆盖全面、业务协同、上下贯通、互通共享的发展格局，避免线上线下"两张皮"。四是建设全国互联的殡葬管理服务信息化平台。在统一信息化标准的基础上，各省建设"互联网＋殡葬服务"平台，平台各组成部分可结合本地情况组合建设。地市/县殡葬主管部门和殡葬服务实体单位要充分利用上级平台，根据区域性、城乡差异和民族地区特色的殡葬业务需求不同，开设子站、特色模块、栏目、频道等服务。五是充分利用现有平台，统一信息标准，可逐步迁移到上级平台，整合各地区现有各类业务办理系统、信息资源，避免重复投资。六是利用数据共享平台，推进跨地区、跨部门、跨层级数据共享，实现多网融合，互联互通。"互联网＋殡葬服务"平台体系最终形成由部级平台、省级平台两个层级架构，各层级之间通过数据共享平台互联互通，并与殡仪馆、公墓等殡葬服务实体单位实现有效对接。

⑤ 做好信息安全。确保信息系统安全稳定运行，保障政府和用户信息安全，需要加强人才队伍的培养，健全信息安全管理制度，统筹建立应急处理体系，强化安全技术体系建设，加强技术防护能力，从而健全多层次的网络与信息安全体系，提升网络与信息安全的监管水平，保障系统安全稳定运行。

8.5.3 展望与总结

我国正处于殡葬改革的关键时期，传统殡葬业的发展面临着诸多挑战和机遇。在殡葬与互联网之间找到契合点，借助互联网技术发展殡葬业，需要更多的探究和实践，未来随着技术的不断成熟和互联网应用的日趋广泛，互联网、物联网技术与殡葬业各环节将会进一步融合，将会使火化机、遗物焚烧设备、遗体冷藏设备、遗体接运车辆、骨灰寄存设备等殡葬专用设备实现网络化、智能化、协同化、智慧化，就像现在的智能化家居和家电一样，让从业者实时掌握相关业务状态和数据。互联网、物联网为转变殡葬业发展方式提供了机会和契机，互联网、物联网与殡葬领域的进一步结合也必将成为一匹"黑马"逐渐崛起，成为中国殡葬事业发展的新模式、新方向，最终推动殡葬领域的健康、有序发展，更好地服务于广大人民群众。

参 考 文 献

[1] 邢蕾. "互联网＋"创新2.0下互联网发展的新形态[J]. 信息通信, 2015 (09): 200-201.

[2] 唐幼幼. 纪念生命与记录历史——现代殡葬（公墓）与博物馆的跨界探索与实践[J]. 艺术科技, 2014, 27 (05): 102-122.

[3] 周冰莲. "互联网＋"背景下制造企业商业模式创新分类与应用研究[D]. 东南大学, 2017.

[4] 斯蒂芬·P. 罗宾斯. 管理学原理[M]. 第6版. 北京: 中国人民大学出版社, 2009.

[5] 吴幼祥. 政务微信崛起: 地方传统媒体转型的挑战与机遇[J]. 中国记者, 2015 (05): 45-46.

[6] 赵丽萍. "互联网＋"背景下城市开放空间应用研究[D]. 青岛理工大学, 2016.

[7] 张清华. "互联网＋"背景下大学英语翻译教学模式创新研究[J]. 海外英语, 2018 (19): 55-56.

[8] 叶宁. 绿色节地陵园公墓设计[J]. 建筑技艺, 2018 (02): 124-125.

[9] 苏东水. 产业经济学[M]. 第2版. 北京: 高等教育出版社, 2005.

[10] 周新生. 产业分析与产业策划: 方法及应用[M]. 北京: 经济管理出版社, 2005.

[11] 张丽丽. 现代殡葬理念在中国殡仪馆的实施与展望[J]. 经济研究导刊, 2013 (25).

[12] 吴卞. 别开生面的改革——关于广汉市推行殡葬事业改革的调查与评介[J]. 探索, 1988 (4): 79-80.

[13] 叶大兵. 既节约又文明的村办公墓——温州市农村殡葬习俗改革[J]. 民俗研究, 1989 (4): 96-97.

[14] 魏忠义. 死亡观的历史发展和"安乐死"的哲学思考[J]. 中国医院管理, 1993 (4): 13-15.

[15] 饶学刚. 我国火葬源流初探——兼评"中国火葬习俗来自印度"说[J]. 黄冈师专学报, 1992 (02): 4-15.

[16] 杨伟. 火葬——殡葬改革之方向[J]. 民政论坛, 1999 (03): 26-17.

[17] 朱玉. 告别人生的选择——回归自然——第二次殡葬改革奏鸣曲[J]. 新青年（珍情）, 1994 (3): 43-45.

[18] 于永军. 生与死的空间之争——关于殡葬陋习的透视与思考[J]. 环境, 1994 (3): 6-8.

[19] 张全国, 刘圣勇, 周光敏, 等. 一种新的殡葬模式——关于实行绿色土葬的研究报告[J]. 资源节约和综合利用, 1995 (3).

[20] 文传浩, 周鸿. 论风水文化对中国传统丧葬文化的影响——兼论其在当代殡葬改革中的政策导向[J]. 思想战线, 1999 (2): 58-64.

[21] 汪俊英. 农村殡葬改革的法社会学思考[J]. 学习论坛, 2009, 25 (3): 77-80.

[22] 董跃民.当前河南省农村殡葬改革存在的问题及对策[J].河南社会科学,2003,11(6):142-144.

[23] 李德珠.中国农村殡葬改革实践[J].南通大学学报(社会科学版),2010,26(4):57-65.

[24] 王璐.法社会学视角的"移风易俗"——聚焦A市殡葬改革[J].渤海大学学报(哲学社会科学版),2010,32(4):94-97.

[25] 朱金龙.我国殡葬服务市场秩序的规范问题[J].社会福利,2004(12):21-23.

[26] 程寿.我国殡葬业发展的路径选择与制度安排[J].探求,2005(5).

[27] 贺硕.殡葬暴利的根源及对策探讨[J].重庆科技学院学报(社会科学版),2009(9).

[28] 赵挺.西方殡葬改革:背景、模式和启示[J].山东行政学院山东省经济管理干部学院学报,2010(5).

[29] 丁树谦.全面推行绿色环保殡葬的建议及对策研究[J].辽宁师专学报(社会科学版),2010(1):12-13.

[30] 武峥,刘宾.新农村殡葬改革问题探讨[J].山西农业大学学报(社会科学版),2012,11(07):690-693.

[31] 汪俊英.农村殡葬改革的法社会学思考[J].学习论坛,2009,25(3):77-80.

[32] 丁成强.民俗视野下农村殡葬制度改革[J].温州职业技术学院学报,2014,14(4):72-75.

[33] 李欣然,黄成林.生态墓园殡葬方式的大众心理研究[J].安徽农业大学学报(社会科学版),2011,20(1):26-29.

[34] 陈先义.农村殡葬改革的异化现象及其治理策略——基于安庆殡葬改革的考察[J].湖南农业大学学报(社会科学版),2017(3).

[35] 郭林.人本、营益与治理:中国殡葬服务制度的建构策略[J].浙江社会科学,2016(12):71-76.

[36] 柳艳超,吴立周.殡葬方式的生态建设评价研究[J].中国人口资源与环境,2016(S1):266-269.

[37] 曾晨,林于良.绿色殡葬与生态公民养成研究[J].生态经济,2016,32(11):215-218.

[38] 李辉."互联网+"助推现代殡葬转型升级[J].中国民政,2016(24).

[39] 刘一帆.价值链视角下殡葬行业盈利模式优化研究[D].重庆理工大学,2017.

[40] 冯仿娅.祭祀新形式——数字化祭奠[J].探求,2005(5):25-26.

[41] 爱弥尔·涂尔干.宗教生活的基本形式[M].北京:商务印书馆,2011:234-305.

[42] 马林诺夫斯基,李安宅.巫术科学宗教与神话[M].北京:中国民间文艺出版社,1986.

[43] Radcliffe-Brown A R. The Andaman Islanders [M]. Cambridge: Cambridge University Press, 2013: 476-532.

[44] 郑小虎.仪式:象征符号与社会建构的探究[D].西北大学,2012.

[45] Victor Turner. The Ritual Process: Structure and Anti-Structure [M]. Aldine De Gruyter, 1995.

[46] 史婷婷. 丧葬仪式研究文献综述 [J]. 思想战线, 2011 (S1): 38-41.

[47] Johnson E L. Grieving for the Dead, Grieving for the Living: Funeral Laments of Hakka Women [C] //Death Ritual in Late Imperial and Modern China. California: University of California Press, 1988: 135-163.

[48] Thompson S E. Death, Food, Fertility [C] //Death Ritual in Late Imperial and Modern China, California: University of California Press, 1988: 71-108.

[49] 张佩国. 汉人的丧葬仪式: 基于民族志文本的评述 [J]. 民俗研究, 2010 (02): 76-94.

[50] 郭于华. 生命的续存与过渡: 传统丧葬礼仪的意识结构分析 [A] //王铭铭, 潘忠党. 象征与社会: 中国民间文化的探讨 [M]. 天津: 天津人民出版社, 1997.

[51] 郭可为. 当前全球经济形势的特征及风险点 [N]. 中国经济时报, 2018-07-10.

[52] 陈文玲, 梅冠群. 世界经济 2018 年五大走势 [J]. 理论导报, 2018 (1).

[53] 王姣, 杨维雄. "互联网＋政务服务"公众需求侧改革的路径研究 [J]. 现代经济信息, 2018 (19): 41-42.

[54] 李伯森. 中国殡葬事业发展报告 (2016-2017) [M]. 北京: 社会科学文献出版社. 2017.

[55] 齐卫东. 互联网模式下的殡葬管理与服务 [R] //中国殡葬事业发展报告 (2016—2017) [M]. 北京: 社会科学文献出版社, 2017.

[56] 顾维. 殡葬行业行政性垄断探析 [J]. 哈尔滨学院学报, 2015, 36 (03): 65-68.

[57] 马金生. 张楠. 我国经营性公墓的经营状况与发展对策 [J], 甘肃社会科学, 2014 (01). 64-68.

[58] 刘茂红. 中国互联网产业组织实证研究 [D], 武汉大学, 2011.

[59] 朱春龙. 我国网络分类广告营销策略研究 [D]. 首都经济贸易大学, 2007.

[60] 宋鲁华. 快速交付互联网应用产品运作模式分析 [D]. 电子科技大学, 2015.

[61] 张中, 唐婵娟, 王嘉驹. 镇江尝试"互联网＋"殡葬关于殡葬行业如何搭上互联网快车的思考 [J]. 中国民政, 2017 (05): 41.

[62] 吴兆庆. 山东省"互联网＋殡葬"开发与应用 [R] //中国殡葬事业发展报告 (2016—2017) [M]. 北京: 社会科学文献出版社, 2017.

[63] 郑淑荣. "云计算"建设的冷思考 [J]. 信息化建设, 2013 (11): 26-28.

[64] 阮晓东. 工业互联网布局与路径 [J]. 新经济导刊, 2018 (04): 56-60.